トップランナーが語る将来戦略

進化する大学

1 追求する大学の使命

日本私立大学協会・監修　野口和久・著

悠光堂

進化する大学 1
追求する大学の使命

第1節	今日の大学事情	日本私立大学協会 事務局長 小出秀文	4
第2節	大学の生き残り戦略	読売新聞東京本社 調査研究本部主任研究員 中西茂	10
第3節	大学の広報力	大学経営コンサルタント、私学高等教育研究所研究員、桜美林大学大学院非常勤講師 岩田雅明	16
第4節	私立大学の使命追及をめぐって	文部科学省高等教育局私学部長 小松親次郎	22

college	愛知学院大学	30
	青山学院大学	35
	大阪産業大学	40
	大妻女子大学	45
	お茶の水女子大学	50
	金沢星稜大学	55
column	小林雅之	60
	白石昌則	64
	熊井英水	68
college	関西国際大学	72
	京都外国語大学	77
	国立音楽大学	82
	工学院大学	87
	産業能率大学	92
	女子美術大学	97
column	坂東眞理子	102
	益川敏英	106

CONTENTS 目次

	内田樹	110
college	摂南大学	114
	多摩大学	119
	東京電機大学	124
	東北薬科大学	129
	徳島文理大学	134
	名古屋商科大学	139
column	岩崎俊一	144
	見城美枝子	148
	後藤正治	152
college	二松學舍大学	156
	日本社会事業大学	161
	日本獣医生命科学大学	166
	日本体育大学	171
	福井大学	176
	福岡工業大学	181
column	小泉武夫	186
	山本貴司	190
	橋場文昭	194
college	福岡歯科大学	198
	北海学園大学	203
	明星大学	208
	武蔵大学	213
	ヤマザキ学園大学	218
	立教大学	223

【注】
・本書は日本私立大学協会発行「教育学術新聞」連載「大学が往く」「われら大学人」より編集しています。
・本書、文頭（ ）内の年月日は「教育学術新聞」紙面掲載当時の日付を示します。
・編集にあたって、データ数値等記述を編集時点に合わせ見直した箇所もございます。
・「大学データ」については各大学からご提供いただいたものです。ご利用にあたっては変更の可能性もありますので各大学にお問い合わせください。
・なお、発行時には掲載データに変更が生じている可能性もございますので、予めご了承ください。

今日の
大学事情

1 はじめに

　このたび、日本私立大学協会(以下、本協会)の機関紙「教育学術新聞(1953年創刊)」が2010年10月13日号から掲載してきた「大学は往く」、2010年5月26日号からの「われら大学人」シリーズが刊行の運びとなった。執筆担当記者は、本協会調査役の野口和久氏である。まことに時宜を得た出版であり、広く関係者のご高覧を願いたいと念じている。

2 大学にとって好個の指標に

　戦後間もなく創刊された教育学術新聞は、私立大学に関する正しい報道を行い、政・官・財界をはじめ国民一般の私立大学理解の一助とすることを目的に、今日では週刊新聞として毎週木曜日に発行されている。「私学振興の旗手たらん」がモットーである。他方、野口氏は、産経新聞社会部記者を勤めあげ、2009年4月からご助力を願っている。多年の記者魂のしからしむるものであろうが、広い人脈と旺盛な好奇心・関心には毎々ながら敬服している。今回の教育学術新聞の企画にあってもそれらの成果は遺憾なく発揮されていると言ってもいい。時に、私立各大学の取り組みを鼓舞激励しつつ紹介し、

その由縁や課題にまつわる論評も欠かさない。内容が深いのである。
　このたびの刊行が多くの大学にとって好個の指標となるであろうことを確信している。
　本書刊行に係る推薦の弁を述べたが、昨今、大学の周辺には懸念される情勢が発生している。ややもすると、社会制度としての大学、一千年の歴史を誇る大学の活力を削ぎ、結果として社会の停滞、国力の衰退をもたらすであろうと懸念される課題である。所見も含め本書刊行のただ今の課題として紹介しておきたい。

3 大学の数は多すぎるのか

　昨今、大学の数が多すぎるとか大学生の学力が低下したといった議論や大学の特色ある取り組みや質的充実に向けた改革努力がいっこうに見えないといった意見に接することが多い。そして、それらの議論やご意見は、わが国高等教育のおよそ8割を担当する私立大学への批判的ご意見として展開されるのが常である。
　教育問題は、誰しもが論じる問題であるがゆえ奥は深くまたその切り口は多様で幅広い。前者において語られる大学や大学生の学力はその比較対象はどのあたりにあろうか。しばしば自らの、数十年前の個人的な学生体験が一般的であろう。ある者は、研究重視型のドイツ・フンボルト型の大学こそが大学であると言い、大学進学率が1ケタ台の時代の大学をもって今日を論評している。また、後者においては、大学は旧態依然とした講義がなんらの改革・改善もないままに十年一日の形で行われていると思われているようだ。
　現実は全く異なり、このたびの刊行に紹介されるとおり、時代の要請や国民の負託に応えたエネルギッシュな改革実践が繰り広げられているのである。重ねて申し上げるが、特に私立大学ではグローバリゼーションの進展に伴う社会の変化や学問の進歩・学際領域の

拡大等を背景に、国民の多様な高等教育ニーズに応えて、およそ可能な限りの努力がなされているのである。

4 国民の多様なニーズに対応

　具体的に申し上げよう。地域におけるリーダー人材の育成を自治体や地元産業と友好的なパートナーシップを締結して力強く進める大学、地方文化の継承拠点として地方ニーズに密着した特異なカリキュラムを積極的に展開する大学、少子高齢社会の到来をターゲットに将来予測に的確に応えた大学、文理融合をはじめ学問領域を超えた大学間連携に果敢にチャレンジする大学、男女共同参画社会の実現に向けて学問や古い社会通念に挑戦する大学、環境問題・エネルギー問題・食糧問題・平和教育などなど現代社会が直面する多種多様な今日的課題に、積極・果敢にチャレンジする私立大学が全国に多数存在しているのである。まさに建学精神・自主性に基づく私立大学のダイナミズムが立派に花開こうとしているのであり、創意工夫を本領とする私学の面目躍如を実感している。
　このような私立大学の取り組みは、一層促進されていい。否、促進されねばならない。地球規模での大変革がスピード感をもって進行する今、多様な価値を追求する私立大学の百花繚乱のごとき展開がわが国の再生・発展の原動力であると確信しているのである。

5 創意工夫、自律性発揮の私大

　課題がないわけではない。ここでは、内なる課題と外なる課題とを指摘しておきたい。まず、内なる課題であるが、社会の変化のスピードとその大きさに大学は、的確に対応できているか。すなわち大

学の合意形成と意思決定に係わる問題である。それぞれの私立大学には、それぞれの建学精神・教育理念、組織としての達成すべき使命（ミッション）がある。それらに基づいて、迅速かつ明確な意思決定が可能となっているかの問題である。無論、大規模・ブランド大学と中・小規模の大学とでは状況や背景が全く異なることは充分に承知するところである。大学のガバナンスが弱いなどの指摘は得てして前者に多いのも承知である。大学は学問の府、真理探求の場であると同時に人材育成の教育の場でもある。その全体を通した社会貢献も今日的大学の使命・役割とされている。私立各大学がそれらの今日的使命・役割を果たすための要諦は、私学人・大学人としての意識の覚醒である。本学の使命・今日的役割への意識を経営組織体としての私学という現実のもとで、いかに正確に時代を読み将来展望を見据え、一致結束の使命達成への取り組みとなしうるか。今、それが問われているのである。創意工夫、自律性発揮を本領とする私立各大学の健闘を期待している。

6 私大と国公立大の格差是正を

さて、外なる課題にも触れておきたい。これは、わが国の文教政策に係わる課題である。わが国の大学教育はおよそ8割を私立大学が担当している。国の設置する国立大学、自治体が設置する公立大学はおよそ2割に過ぎない。ここで注目すべきは、ファンディング（高等教育の公財政支出）の問題である。

2012年度政府予算において86の国立大学と付属研究機関に国立大学運営費交付金約1兆1,400億円が支出され、605の私立大学には私立大学等経常費補助金約3,300億円が支出されている。学生1人あたりに換算すれば国立大学生1人あたり約189万円、私立大学生1人あたり約15万円という実態である。このことは、その授業料（学生生徒

納付金)においても国立大学約54万円／年額、私立大学約86万円／年額である。施設設備の整備や激甚災害指定にむける局激復旧支援時の私学支援の在り方についても、設置者負担主義(学校教育法第5条)に基づく厚い障壁が存在している。等しくわが国の公教育を担当する私立学校・私立大学と国公立大学との間における政策上の格差は改めて解消の方向において再構築されてしかるべきであろう。

7 むすびに

　本書に掲載された全国の私立大学・国立大学の涙ぐましい改革・改善の姿に接するにつけ、21世紀社会における大学の役割の重要性に照らして、文教政策の基本の再確立、構造的大転換(パラダイムシフト)は、わが国の盛衰をかけた焦眉の待ったなしの課題であると思うのである。

（日本私立大学協会事務局長　小出秀文）

第1節 今日の大学事情

大学の生き残り戦略

１ のどかだった時代の大学生から

　自分の著書の話から始めるのが図々しいことは承知の上で、ちょっと恥ずかしい打ち明け話から始める。

　筆者が2010年に出した新書『異端の系譜　慶應義塾大学湘南藤沢キャンパス』(中公新書ラクレ)は、日本のインターネットの父と呼ばれる村井純・環境情報学部教授による授業の描写から始めている。だが、本を書く上で、村井教授の授業を聴講したわけではない。ウェブ上のアーカイブで見聞きできたからである。

　かつて、『ニセ学生のすすめ』(大陸書房)という本がもてはやされた時代があった。刊行は1977年。「受講資格のない大学の授業に潜り込むことは、大学卒というパスポートを得るためではなく、純粋に学びたいからなのだ。さあ、ニセ学生をやってみよう」。そんな呼びかけに受験生だった筆者はそそのかされた。大いに刺激を受け、大学というものに、ほのかなあこがれを持ったと言ってもよい。

　そのあこがれの大半は、入学後にしぼんでしまうのだが、振り返って見れば、30年以上も昔の受験生と大学の関係は、その程度ののどかなものだった。

　しかし、インターネット社会は、かつてのような関係を静かに壊そうとしているように見える。

2 ネット環境が大学を変える

　欧米有力大学におけるネットでの授業公開は、聴講者の数が半端ではないらしい。それが、世界中から優秀な人材を集める手段にもなりつつあるのだとか。まだ限られているが、京都大学が米ハーバード大などが進めるオンライン教育機関に参加するなど、動きは急だ。それを追いかけるように、日本の大学でも一部の授業がネットで公開されている。村井教授の授業の魅力は、それを見ればよくわかる。公開は2013年の時点でまだ限られているが、いずれ、有力大学だけの問題ではなくなるのではないか。

　ネット環境が大学にパラダイム転換を促そうとしている——そう考え始めた教育関係者は少なくない。

　元日本学術会議会長で、東大名誉教授の黒川清氏もその一人だ。国会の福島原発事故調査委員会で委員長を務めた黒川氏は、東大の入学式の祝辞であえて「休学のすすめ」をした型破りな人だ。福島の事故の原因に切り込んだように、大学を論じる場合も、ネット環境を社会のパラダイム転換ととらえて、「隠すことができない時代」なのだと強調する。

　まさにその環境さえあれば、ネットを通した授業は経済的に苦しい人でも聴講できる。それが、欧米有力大学の場合にも聴講者を増やしている理由のひとつでもあるようだ。

　国内では、受験生にネットで無料の学習支援を始めた大学生もいる。これが広がれば、大学受験産業も変質せざるを得ないだろう。

　大学に足を運んで学ぶ意味は何か。国際的に見て少なすぎる日本の大学生の学習時間を増やそうと、国は躍起になっている。2012年8月の中央教育審議会答申を受けて、今後5年間の国の政策目標となる第2期教育振興基本計画の中にも、「大学生の学習時間を欧米並みにすること」が盛り込まれることになった。

しかし、増やせと言われて学生が一斉に学習時間を増やすわけはない。教職員の側の地道な努力の積み重ねが必要だろう。この流れの中で、都内のある小さな大学の教授は、ネットを使って学習形態を変える試みを始めようとしている。大学の授業を討論中心にして、そのための予習や復習を映像配信とすることで、学習時間を増やそうというのだ。すでに大学単位でこういう試みを始めているところも各地で聞くようになった。しかし、決して有名とは言えない大学の小さな試みに、筆者は注目している。教員の本気度がわかるからである。

3　顔の見える大学にする取り組み

　ネットが大学を取り巻く環境をまず変えつつあることは間違いない。また、黒川氏が言うように、調べる手段さえわかれば、大学がどんなところかは、かなりの部分までわかってしまう時代だ。大学を裸にしようという取り組み、とまで言うと言い過ぎかもしれないが、顔が見えるようにする動きは、ネット以外にもいろいろと出てきている。

　もはや実施していない大学を探すのは難しいオープンキャンパス。しかし、「よそ行きの姿を見るだけでは不十分だ、普段のキャンパスの姿を知ってこそ、大学選びにつながるはずだ」という活動を始めたのがNEW VERYというNPOだ。名付けて「ウィークデー・キャンパス・ビジット」。このNPOは大学生の中退予防にも取り組んでいるが、まさに、「ニセ学生のすすめ」の発展型ととらえることもできるだろう。

　中退率と言えば、読売新聞社では2008年から、中退率や卒業率をはじめとして、個々の大学の教育力にかかわるデータを「大学の実力」調査として続けている。この調査もひとつの契機となって、文部科学省は、国公私立を問わず、2011年度から、大学に関する一定の情報公開を義務付けた。

また、この法令改正の延長線上で、2014年度からは、大学評価・学位授与機構に設ける「大学ポートレート」が本格稼働し、個々の大学の様々な情報が、ウェブ上で見ることができるようになる予定だ。
　ただ、この仕組みは任意参加で、共通に公表すべき情報について、議論は分かれているようだ。入試方法別の合格者や入学者数、中退率や卒業後の進路といった基本的な情報が、まだ公表するべき情報として共通認識になっていないのは残念と言わざるを得ない。
　大学を顔の見える存在にするには、情報公開と、それに伴う積極的な情報発信が欠かせないことに、大学人は早く気づくべきだろう。

4　ミッションの再定義と大学改革

　国立大学は民主党政権下の2012年、個々の大学ごとにミッションの再定義を求められることになり、医学、工学、教員養成が先行して議論に入った。原点に立ち返って、国立大学としての役割を見つめ直せということだろう。
　この点は、自民党政権に戻っても、大きな変化はなさそうだ。再定義されたミッションは、次の中期計画に落とされることになる。
　その創立過程から、国立大学に比べてミッションがわかりやすいはずだった私立大学もまた、個々にその存在意義が問われていると言ってもいいだろう。自校教育が広がるのはその裏返しである。「あのワセダでさえも……」という声が上がった、校歌を歌えない早大生の増加も、あるいは再定義が必要な大学の実情の一例と言えるかもしれない。
　国は大学に対して機能分化を求めてきた。「我が国の高等教育の将来像」と題した中央教育審議会のいわゆる「将来像」答申（2005年）は、世界的研究教育拠点から社会貢献まで7つの大学の機能をあげている。

2004年の国立大学の法人化からまもなく10年。財政基盤的にも、外部資金を得やすい研究型の大学と、他の大学では、おのずとその機能が分かれつつあるようだ。一部の有力大学への大規模な投資が必要な時代ではあるだろう。一方で、私学の多様性をアピールするチャンスだ。文部行政の責任者に「大学が多すぎる」と言わせているようでは、本当に淘汰の時代が来る。最近は、地域再生の核となるべく、COC（センター・オブ・コミュニティ）という考え方も強調されている。

　秋入学や英語による授業、留学する学生の増加など、グローバル化への対応で、「国際的な教養」を強調したり、複数の語学教育を売り物にしたりする私学も出始めた。それだけではなく、活性化をより求められる地方にこそ、大学の役割が求められていると言っても過言ではない。それが、国立大学だけの役割でないことはもちろんである。

　そうした中、文部科学省は2013年4月、世界大学ランキングトップ100に10校、10年で20の大学発新産業を創出、といった目標を示した国立大学の改革プランを、政府の産業競争力会議で示した。また、優秀な外国人研究者を日本の大学に迎え入れるための優遇策として、国立大学教員に年俸制を導入することも提示した。こうした動きは、私立大学にも大きな影響を及ぼすことになるはずである。

　一方で、最近は、学生を能動的に学ばせるアクティブラーニングが統計的にも増加している。しかし、学生は必ずしも、こうした授業を好んでいないというデータも出た。教員が授業で仕掛ける際に、再考の余地があるということだろう。

　教育と研究、地域貢献という大学の3つの役割のいずれをとっても、こういう時代にあっては、結局、行き着くところは人なのだ、というあたり前のことを、改めてかみしめたい。

（読売新聞東京本社　調査研究本部主任研究員　中西茂）

第2節 大学の生き残り戦略

大学の
広報力

1 広報はつらい

　18歳人口の減少や、景気後退に伴う家計の悪化による進学率の伸び悩みなど、大学を取り巻く環境は、一層、厳しさを増してきている。日本私立学校振興・共済事業団の統計によれば、2012年度に定員を充足できなかった大学は45.8%と、半数近くが定員割れとなっている。
　このような状況になると必ずクローズアップされるのが、大学の広報力である。クローズアップというより、生贄にされるという面もあるように思われる。広報の責任にしておけば、組織にとっての痛みが最小限に抑えられるからである。募集状況が芳しくない大学の広報担当者が、経営幹部から宣伝が足りないから学生が集まらないと言われ、高校訪問等に頻度高く駆り出され、高校側の顰蹙を買っているという話も少なからず聞こえてくる。
　確かに大学の広報は、徹底的に伝えるという点では、企業や専門学校等の広報に比べると十分ではないと言える。これは、大学はこれまで長い間、非常に恵まれた環境下にあったため、広報で頑張る必要性がなかったので、当然と言えば当然のことなのである。このような恵まれた環境が、積極的に伝える広報は大学の広報としてふさわしくないというような、間違った思い込みも醸成したのであろう。
　しかし広報は、今ある大学の魅力を伝えるのが役割であるから、伝えるべき内容が無ければ如何ともしがたいのである。

2 広報の機能は

　大学が広報活動を行う目的は、その大学の魅力を受験生や保護者、高校の先生といった関係者に知ってもらい、受験先、入学先として選んでもらうことである。したがって、そのためには、その大学の魅力を余すことなく相手に伝える必要がある。

　駅構内にある大学の看板や、電車内に貼られている大学のポスターを見ると、大学名と学部名、所在地等だけが記されているものや、オープンキャンパスや入試の日程だけが掲載されているものも多いように思う。売り手市場であったかつての時代ならば、このような情報だけでも事足りていたのであろうが、買い手市場の今日では、選ばれるための大学情報として十分な情報提供とは言えないであろう。

　受験生が大学を選び、受験、そして入学へと進んでいくプロセスにおいては、その大学に魅力、少なくても興味を感じるということが不可欠である。これだけ進学情報が溢れている現状では、受験生が一つの大学の情報に触れる機会は、そう多くはない。このため、その数少ないチャンスに、その大学に興味・関心を持ってもらう工夫が必要となる。この出会いは、まさに「一期一会」といってもいい。そのぐらいの気迫をもって、広報の媒体づくりに臨む必要がある。

　この意味では、いわゆる通販広告に学ぶところは大きい。新聞に掲載されている通販広告はたった一日の命であるから、読者がその広告を読んだその時に、買いたいという気持ちを抱かせる必要がある。そのためには、その商品の良さを徹底的に語り尽くすことが不可欠である。大学入学は高い買い物であるから、さすがに一度で決めるということはあり得ないが、出会ったその時に興味を持ってもらわなければ、その後の調査、比較、検討、そして受験というプロセスへと進んでいかないのである。その意味では、通販広告の気迫と工夫に学ぶという姿勢を持つことは大切なことである。

3 広報のもう一つの機能

　大学の広報には、大学の魅力を伝えて受験先、入学先として選んでもらうという機能のほかに、受験生の適切な大学選びのために必要な情報を提供するという機能もある。

　この点から言うならば、これまでのような奥ゆかしい広報は、言い換えれば不親切、不適切な広報ということにもなる。一昨年から、学校教育法施行規則の改正により、大学は重要な教育情報や、卒業後の進路といった情報を公開することが義務付けられたが、これも適切な大学選びを担保するための広報という面に着目した政策と言えよう。

　エンロールメント・マネジメントという概念がアメリカの大学で生まれ、それが日本の大学にも取り入れられ始めているが、その内容は、在学中だけでなく入学前から卒業後まで学生をサポートするという総合的な学生支援システムの必要性である。その中でも、入学前の重要な支援方法として、十分な大学内容の伝達ということが挙げられている。そのことによって、受験生は自分の将来の進路や価値観にあった大学を選ぶことができ、満足度の高い学生生活を送ることができるようになるからである。

　ここで重要なことは、その大学の優れている点だけでなく、不十分なことも隠さず伝えるということである。真摯な姿勢を持つことで、優れた点をたくさん創り出し、不十分なところを補っていくという、大学の革新・改善活動が生まれてくるのである。また、オープンな状態で大学を運営していくということは、公益性の強い大学の義務でもあるし、社会からの信用を勝ち得る有用なやり方であると思う。このような働きも、広報の学内に対しての重要な役割である。

4 広報はマーケットを見つめる

　受験生に選ばれる大学になるためには、学生に有用な価値を提供できる大学にならなければならない。そしてそのような大学になり、その状態を継続していくためには、常に受験生や在学生といった人たちのニーズや不安を把握し、それに適切に対応していくというような、顧客志向、顧客本位のあり方が必要である。

　かつての大学は、教員本位であったように思う。研究のために、やむを得ず教育活動を行い、研究以外の業務は雑務と呼んで軽視していた時代である。筆者の経験でも、大学に入学してすぐのオリエンテーションで、「皆さん、卒業論文は単位が足らないとき以外は書かないでほしい。読むに値しない論文を読むのは時間の無駄だから」という教授の発言を聞いて、驚いたことがあった。そこには学生の成長を支援するというような視点は、微塵も感じられなかったからである。

　最近では『学生中心』ということを標榜する大学も増えてきているが、それを徹底できている大学はそれほど多くないように感じる。筆者の感覚的なもので恐縮であるが、卒業する学生に対して、「本当に親身になって支援されたと感じるか」と聞いたならば、半分を超える学生がイエスと答える大学は少ないのではないだろうか。

　大学も含め、組織が存在する意義があるのは、顧客や社会に対して有用な価値を与えるための活動をしているからであって、組織の構成員の利益を図っているからではない。大学がその存在意義を認められるのも、在学生や卒業生に対して充実した人生を送れるようになるための価値を与え、その結果として社会にも価値を与えることができるからである。そのために必要なことは、高校生や在学生、その保護者、学生が就職していく企業など、顧客や市場のニーズや動向を把握していくことである。この情報収集と課題の把握につい

ては、高校生や高校の先生といった関係者との接触の機会が多い広報部門が中心となって担うべきである。
　大学の広報担当者と話していて強く感じることは、まだまだマーケットの声を聞くという姿勢が不十分であるということである。受験生の実際の声を聞くことなしに、こういう情報が必要だと勝手に決めてしまうことや、こういう理由で自分の大学は選ばれている、あるいは選ばれなかったと勝手に判断してしまうことが、まだまだ多いように感じるのである。日本私立大学協会が設置している私学高等教育研究所が2011年に行った『私立大学の中長期経営システムに関する実態調査』でも、「自大学の課題を知るために分析している情報は」という質問に対して、地元の高校生のニーズ等を分析している大学は32％と、3分の1にも満たない結果となっている。
　顧客は目の前にいるのである。広報はマーケットを見つめ、マーケットに聞くという原点を忘れてはならない。

5 広報はつらくない

　これからの大学の広報には、単なる広告や販売促進にとどまらず、学生にとって重要な価値は何なのか、進学市場の動向は今後どのようになっていくのだろうか、これからの社会が求める人材とはどのような人材なのかといったことに常に関心を持ち、そのために必要な大学の在り方に関して、学内に情報を発信し、問題を提議していくことが求められる。
　広報の目的、機能は、その大学の価値や魅力を関係者に伝えることだけでなく、どのような価値・魅力が社会では求められているのかということを大学側に伝え、少しでも多くの価値・魅力を備えられるような大学になるための改善・改革の動きを喚起させることにもあるからである。

筆者が以前いた大学は、開学してすぐに定員割れとなり、様々な施策を実施して回復することができたのであるが、その際に広報として打ち出したキャッチコピーが「ちょっと大変だけれど実力のつく大学です」というものであった。これは経済環境が悪化し、学費に見合う教育効果を求めていた保護者や高校の教員からは姿勢として歓迎されたが、加えて学内の教育・支援活動の方向性を統一するためにも有用であった。

　大学を改善していくために市場の声を聞くことは不可欠であるが、その声はどうしても否定的なものが多くなるであろう。それは危機感を強め、改善、改革の必要性を感じさせるためには有用であるが、それだけでは暗くなる。併せて必要なことは、このような大学になれば、学生にとっても、社会にとっても、そして働く教職員にとっても『いい大学』になることができるというビジョンを示すことである。そうすることができれば、皆でそのビジョンの実現を目指して、一丸となって前進していくことができるようになるのである。これも、大学と社会との接点にいる広報の役割である。

　これからの広報は、『いい大学』とはどのような大学なのかということを示し、そこに至るストーリーを語る語り手となる必要がある。広報は夢をつくる、すばらしい仕事である。

（大学経営コンサルタント、私学高等教育研究所研究員、桜美林大学大学院非常勤講師　岩田雅明）

私立大学の
使命追及をめぐって

　私立大学の使命追求を可能にするのは、本来の目的達成を第一義とする健全な大学経営である。その際、大学の本質上、学生確保が私学の経営安定の決定的要素となる。これを踏まえ、以下、主として教学活動に関わる点検要素を、現状に即して考えてみたい。

1　急がれる「学びの質の転換」

　わが国は現在、18歳人口が最大時の約6割の水準で推移する（表1）一方、企業の求人等では、より高次の学校教育を受けた経験が要求される傾向が顕著である（表2）。そのような中、学生（親、高校等）側では、学歴獲得に留まらず、就業力を含む教育（在学）効果への志向

【表1】　18歳人口の推移（1992〜2020年）

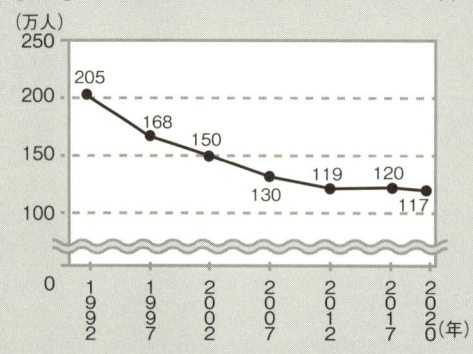

（万人）
- 1992年：205
- 1997年：168
- 2002年：150
- 2007年：130
- 2012年：119
- 2017年：120
- 2020年：117

【表2】　求人数における大卒の割合

年	割合
1992年	31%
2012年	73%

出典：表1は文部科学省「学校基本調査」。表2は厚生労働省調べ、リクルートワークス研究所「大卒求人倍率調査」。「大卒」は4年制大学を卒業した者。

が強まっている。新卒労働市場側でも、規模が縮む参入者の能力保証が切実な課題となってきており、かつ、この「能力」は多様に解釈される。このため、大学は自校の特色や資源を最大限に生かして教育上それにどう応え得るか、といった分析と対策が鍵となる。

その点、中教審答申「新たな未来を築くための大学教育の質的転換に向けて」(2012年8月)は、この課題に極めて即した内容となっている。そこで、同答申、及びその前提をなす「学士課程教育の構築に向けて」(08年12月答申)と「我が国の高等教育の将来像」(05年1月答申)を併せて素材とし、自己点検分析してみることが有効と思われる。中教審答申は、大学界への直接的な提言となっている部分も多く、また、答申に示される全体傾向と各大学の自己課題との照合には、経営政策立案上も有益な面が多いと考えられるからである。

2 教育の改善に向けた「道具」の活用

自己点検分析に際し、わが国では教育の改善のための「道具」が相当揃いつつある、という状況が、実は活用できる。ここ四半世紀、(諸批判も常にありつつ)大学全体としては変革努力が蓄積されてきているからである。(例えば、シラバス、オフィスアワー、ソクラテス・メソッド、あるいはFD、SD、GPA等といった語も、平成初頭には、大学関係者の基本語彙とは言えなかったが、現在の大学論では注釈なしで用いられ、さらに例えばルーブリック、アクティブ・ラーニング、IR等といった考え方の展開もなされつつあるように。)

ただ、これらの「道具」の真の威力は、個々の取り組みからは見えにくく、そのために教育現場の実践者に徒労感も生まれやすい。そこで、自校の学位プログラムの形成を助け、その効果を増したり測りやすくする観点に立って、これらを体系的に相互関連させる工夫が重要になる。そのための部署なり担当を設け、学内の状況の把握、

整理、再構成を進める等の体制は整えられ、機能しているであろうか。

3 教学面を取り巻く環境変化への対応

　教学活動の他、例えば、情報公開を巡る環境も、教育や財務情報の公開義務づけや「大学ポートフォリオ」(仮称)の構築の検討の進捗等に見るように、変貌している。当事者として厄介な問題も含まれるかも知れないが、情報公開は大学外でも進行しており、社会変化を踏まえ、各大学自ら対応準備を進めること(公開ニーズの高まりが予想される項目等を中心とする計画的な準備等)が合理的であろう。

　これとも関連し、法人経営体制のより根幹に触れる改革として、2004年の私学法改正による学校法人制度の大幅更新が記憶に新しい。取り組みは学校法人によって差が見られる等の指摘もあるが、この制度改正への学内対応の現況を再点検して、権限関係の明確化、外部に一層開かれた運営の実現等、経営の現代化へと舵を切る手段とできれば、将来に備えた運営体質の強化に有効と言える。

　さらに、補助金、税制、政策金融等の私学支援諸制度については、近年、多くの充実が図られ、並行して学校法人会計基準の大幅改定等も行われている。これらの潮流を踏まえ、IT等の情報手段・環境の整備・更新はもとより、行政への直接あるいは関係団体を通じた間接の照会等、迅速な情報収集・適応体制が作られているか、従来型の情報伝達に依存しすぎていないかの点検が有益と思われる。

　以上に述べたような諸制度改革の、①趣旨や方向の学内での理解の共有、②制度改革の果実の最大限の活用(少なくとも、将来的な活用計画の有無)、③それを持続させる学内体制、等の確認と改善は、各大学の将来発展を左右する可能性がある。

4 学生像の変革

　大学の努力や大学への支援策の推進とは別に、18歳人口は、2021年頃以降、再び急減に転じ、縮退していく（表3）。かつ、現況に照らして、進学率の上昇による大幅で自然的な問題緩和は期待しにくい。このような中、わが国は、各国で現に進む大学教育の量・質の充実と併走し、その凌駕に挑まなければならない位置にある。そのためには、わが国の学生の8割が学ぶ私学の展開において、従来にない次元での取り組みが求められてくる。ここでは、学生確保との関連を軸に、二つの視点に絞って見ておきたい。

（1） 多彩な学生構成

　第一は、18歳から所定の修業年限の在学後、学園を一生離れる日本人、という、従来極めて支配的な学生像の変革である。

　まず、日本の大学は、国際的に見て留学生の割合が小さい（表4）。しかし、世界人口はわが国の50倍以上あってなお増加中であり、しかも、より良い高等教育を求める開発途上国の若年層の増が大きい。また、25歳以上の

【表3】 18歳人口の推計（2020〜35年）

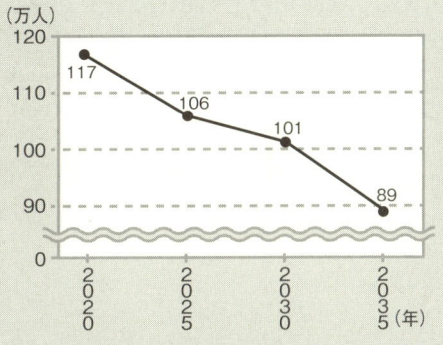

（万人）
- 2020年：117
- 2025年：106
- 2030年：101
- 2035年：89

出典：文部科学省「学校基本調査」、2025〜35年については国立社会保障・人口問題研究所「日本の将来推計人口（出生中位・死亡中位）を基に作成」

【表4】 OECD平均と日本の比較

項目	OECD平均	日本
大学進学率	60%	52%
留学生が占める割合	7%	3%
25歳以上の学士課程への入学者の割合	20%	2%

出典：「大学進学率」「留学生が占める割合」はOECD『Education at a Glance2013』。「25歳以上の学士課程への入学者の割合」はOECD Stat Extracts(2011)、ただし、日本の数値は「学校基本調査」及び文部科学省調べによる社会人入学者数の推計値。

学生の割合も極めて低い(表4)。しかし、仮に定年退職前後までを入学年齢集団として得ると、約40学年分となり、各層に人々の人生行路に応じた様々な学修需要が伏在している。

　日本の多様な大学という基盤を顧みたとき、私立大学の果たし得る教育機能にとって、(従来型の学生との交互作用も含め、)発展的な可能性に満ちたこれらの環境にどう反応していくか、どの部分を自校の核として受け持つか、各大学として重要な長期戦略と言えよう。

(2) 学生受入れ諸「制度」の多角的な展開

　大学には、その本質たる学位授与の他、様々な知的活動が予期されている。特に、法令に定められている学生受入れ諸「制度」だけを見ても、例えば、専攻科、別科、科目等履修、履修証明、聴講生、公開講座といった仕組みがあり、様々な対象者、種類、水準、程度等において教育を提供できる。その複数にまたがる学習者やリピーター等も想定できる。これらの多角的な全体像を把握して、自校の全体対応を具体的に考えることが重要になっている。その際、対価や費用の考え方も、各校の特色や立地事情等によって、多様な組立てが考えられる。これらの諸「制度」は十全に活用されているであろうか。

　さらに、例えば、施設開放、事業受託、文化活動等は地域社会の支持や将来の学生確保につながる方向と程度において行われているか、大学としての資源・収支管理は十分か等も大切な確認点となろう。

5 連携というキーワード

　外部との本格的な「連携」は、一つのキーワードである。例えば、地域、高大、産学官等の連携は、その身近なものとして重視されるべき取り組みであるが、自校の状況はどうか。

　大学間では、単位互換等はもとより、複数大学が構成する連携大

学院や一つの学位課程を提供する共同教育課程のような枠組もできている。積極活用を研究してみることは有意義であろう。今日のネットワーク型社会では、大学が互いに独立の存在として各々結節点の役割を果たしつつ、部分融合的に行動する形態も、不自然ではない。

また、海外連携については、学生のための海外就職市場の開拓も新しく必要な重点と認識する必要があり、海外インターンシップの展開等もこれと密接に関わる。

6 大学関係文献の豊富化

近年、大学の現状等に関し、読みやすく示唆を含む著述も多く刊行されている。学術的文献と並び、学内研修の素材ともできよう。ただ、中には、「大学が18歳人口減少期に増えており、時代逆行的」、「大量廃校時代が迫る」等の巷説に若干の展開を加えるに留まるものも未だ見受けられる。4年制大学が短大等を基礎に相当の改編を伴って社会需要の高度化する分野にシフトしている実況、短大を併せて大学総数は以前から減少が続いている（廃校数は新設数を上回る）趨勢等々を含め、人口・就業・産業構造の変動に即した経営努力やいわゆる「新陳代謝」現象の動向、日本の高等教育の沿革的基礎を出発点においてよく分析しないままの「警鐘」は、（初期啓発の時期には一定の益を有したとして、）社会変化の速度や方向にすでに合わなくなっている可能性もあるので、選定の仕方、読み方の訓練と注意は必要であろう。

7 今後の使命追及に向かう

実際には、本稿でやや網羅的ないし点検要素リスト風に言及した

諸項目も含め、様々な現状打開策にすでに懸命に取り組みつつも、成果がなかなか見えない苦しさを抱えている大学も少なくない。それでも新たな展開を目指さなければならない現況が厳然としてある。

しかし、大学外の社会にも類似の苦悩が広がる中、むしろ大学への期待（無意識や批判の形のものも含めて）は高まっていると言え、私立大学の使命には、高度な知識基盤社会化とグローバル化が進む現代らしい拡大が見られる。然して、その追求には創意工夫の余地がある（十全な努力が完遂されたとの自己評価には距離がある）ことも認めざるを得ないであろう。そして、そのためのどの努力も、まずは「学びの質の転換」への取り組み成果の提示なしには、社会的信頼を獲得し得ないであろう。ここに、経営課題は教学課題に帰る私立大学の使命追及の今日的構造が、浮き彫りになっていると考える。

（本稿は、個人的見解であることをお断りさせて頂かねばならない。なお、私学振興に携わる一人としての実感を一言お許し頂くと、山積する政策上の課題や困難との果てしなき戦闘は、行政の生々しい現場の日夜であると同時に、把握できていなかった課題や取り組み方策が、官民、直接・間接を問わず、広く関係者と真剣に自負する人々の知恵や思いに支えられ助けられて発見され次第、次の環境改善へと導く宝剣に変貌しなかった経験は希である。希望への鍵は常に、大きな束としてこれらの人々自身の腰にあることを感じている。）

　　　　　　　　　　　　（文部科学省高等教育局私学部長　小松親次郎）

第4節　私立大学の使命追及をめぐって

つながる力。動かす力。

愛知学院大学

東京ドーム11個分の広大な日進キャンパス

◎教員：501名 ※大学院含む
◎職員：346名 ※大学院含む
◎学費：文学部4,433,000円、心身科学部4,563,000～4,963,000円、商学部4,323,000円、経営学部4,323,000円、経済学部4,323,000円、法学部4,323,000円、総合政策学部4,523,000円、薬学部13,649,000円、歯学部32,441,000円
◎学部：
[文学部]歴史学科／日本文化学科／国際文化学科／グローバル英語学科／宗教文化学科
[心身科学部]心理学科／健康科学科／健康栄養学科
[商学部]商学科
[経営学部]経営学科
[経済学部]経済学科
[法学部]法律学科／現代社会法学科
[総合政策学部]総合政策学科
[薬学部]医療薬学科（6年制）
[歯学部]歯学部

【大学データ】
◎学院長：小出忠孝
◎住所：[日進キャンパス]〒470-0195
　愛知県日進市岩崎町阿良池12
　[楠元キャンパス]〒464-8650
　愛知県名古屋市千種区楠元町1-100
◎電話：0561-73-1111
◎設立：1953年
◎学生：11,393名

【大学情報】

入学・修学
2013年より教学改革を進め、初年次教育やキャリア教育を実践。

外部連携
日進市をはじめ、各種自治体と提携し学生によるボランティア活動など地域貢献に積極的に関与。

主な就職先(過去2年間)
㈱三菱東京UFJ銀行／㈱三井住友銀行／㈱愛知銀行／㈱十六銀行／㈱ゆうちょ銀行／SMBCフレンド証券㈱／大和証券㈱／明治安田生命保険(相)／日本生命保険(相)／第一生命保険㈱／㈱名古屋観光ホテル／㈱エイチ・アイ・エス／㈱JTB中部／㈱パロマ／ヨネックス㈱／タキヒヨー㈱／名古屋鉄道㈱／西濃運輸㈱／名鉄運輸㈱／ANAセールス㈱／積水ハウス㈱／東日本ハウス㈱／住友不動産販売㈱／パナホーム㈱／タカラスタンダード㈱／新日本製鐵㈱／三菱重工業㈱／㈱伊藤園／フジパングループ本社㈱／日本マクドナルド／日本食研㈱／イオンリテール㈱／㈱サークルKサンクス／ユニー㈱／沢井製薬㈱／三和化学研究所／日本赤十字社／日本郵便㈱／警視庁／各県警察／東京消防庁／愛知県庁／岐阜県庁／各市町村役所／各県教育委員会　他

Philosophy

愛知学院大学

(2011年8月17日)
学び力、就職力、学生力
社会の動きに常に対応　時代が求める人材育成

　中部圏で伝統を誇る大学の1つ。社会の動きに対応した教育研究を推進し、時代が求める人材を育成してきた。愛知学院大学（小出忠孝学院長）は、曹洞宗の宗祖、道元禅師の教えである「行学一体」の人格形成に努め、「報恩感謝」の生活のできる社会人の養成が建学の精神。現在、9学部17学科大学院9研究科、在学生約11,000人、中部地方を代表する総合大学である。1年次にはリベラルアーツ教育と併せ、リメディアル教育も推進するなどの「学び力」、卒業生とのつながりと多彩な就職支援による「就職力」、150以上のクラブ・サークルが楽しみながら活動するといった「学生力」、この3つの力が躍動しているように映った。2014年には名古屋市の中心、名城公園駅近くの国有地にビジネス系3学部が移転する予定。時代の要請に応えて改革してきた大学が再び、新たなスタートを切る。愛知学院大学の改革の歩みと新時代を迎える決意を小出学院長に聞いた。

中部圏で伝統誇る　名古屋中心部に移転へ

　愛知学院大学は、1876年に開校した曹洞宗専門学支校が淵源。1903年に旧制愛知中学校となり、戦後学制改革で新制愛知中学、愛知高校（愛知学院と総称）となる。50年に愛知学院短期大学を、53年に愛知学院大学を創設した。

　学院長の小出が大学設立について説明した。「私の父（小出有三）は、進取の精神、学の独立を謳う早稲田大学に学んだ。大隈重信を尊敬し、進取の精神を地でいったような人物で、新制中学・高校のほか、短大、大学を創設しました」

　小出有三は、1883年生まれ。早大卒で、旧制愛知中学校長から1948年、愛知学院の初代学院長となった。大学は、商学部単科でスタートしたが、57年に法学部を、61年に歯学部を設立、総合大学に育てた。

　「歯学部の設置は、第2次大戦後初で、地元の要請もありましたが、歯科医学・

医療の遅れていた東海地区の人たちから大変、喜ばれました。また、本学の歯学部設置は、全国の医学部・歯学部設立ブームのさきがけになりました」

小出は、父親の有三について、こんな話をした。「父は法学部設置の際、早大出身者を多く招請。学風は慶應を目指したようで、学生は中小企業のオーナーの子弟ら比較的裕福な家庭の学生を集めた。こうした気風はいまも残ります」

長男の忠孝は、1955年名古屋大学医学部卒。同講師などを経て、64年に愛知学院大学理事、次いで教授に就任。88年から学院長・学長に。忠孝もまた、有三のDNAを継いだのか、進取の気概によって改革に乗り出す。

1990年に経営学部、98年に情報社会政策学部、2003年に心身科学部、05年に薬学部を増設。心身科学部に「健康科学科」を、08年には「健康栄養学科」を増設し、13年には経済学部を増設。時代のニーズに応える姿勢は父に似ている。

「情報社会政策学部、心身科学部などの先端的な学部設置は、新しいことに挑戦するというねらいもあった。心身科学部は、文学部の臨床心理学科を独立させ、長寿社会を見据えて身体と心を学ぶのが目的です」

「心身科学部の健康科学科はスポーツを通じての健康を学び、スポーツ指導者を目指す。健康栄養学科は、健康長寿を願う国民ニーズに応え食生活の改善を学び、また管理栄養士の養成に取り組んでいます」

「薬学部設置は、薬の販売のみでなく医療の一部を担う医療薬学を目指している。新設学部だが薬剤師国家試験の合格率も全国でトップクラスで、先発の歯学部と切磋琢磨して薬学のグローバル化にも取り組んでいる」

こうした小出父子の幾多の改革により現在、文・心身科学・商・経営・経済・法・総合政策・薬・歯の9学部の総合大学に発展。キャンパスは、日進と楠元の2つ。日進キャンパスは、43万haと広大。大食堂がありモスバーガー、スガキヤ、S&Bカレーショップの専門店が入店。3,000台以上が駐車可能な学生用駐車場もある。楠元キャンパスは、歯学部〈専門課程〉と薬学部〈専門課程〉。前述のように歯科医師国家試験、薬剤師国家試験ともに全国トップクラスの合格率。12年の歯科医師国家試験合格率は83.2%、薬剤師国家試験合格率は97.07%。

愛知学院大学

「学び力」について聞いた。開学以来、一貫して取り組んできたのは、禅の教えに基づく「人間教育」。

「一人ひとりの学生と真剣に向き合い、可能性を導き出す教育です。人間には本来、数字のみでは表せない本質的な能力が備わります。能力に対する自覚を促し、やる気を引き出し、成長へと導くことです」

小出忠孝　学院長

具体的には？「3つあります。実社会で役立つ実践的な力、行動力を身につける『実学』を重視します。また、『少人数教育』に重きを置いており、ゼミの学生数は10人から15人で密接なコミュニケーションが図られています。『コース制』を導入して、自分の興味関心や将来の進路に沿って授業が選択できます」

また、社会人教育や、生涯学習に対応した公開講座や開放講座などにも積極的に取り組む。ラジオによる公開講座は東海ラジオなどで放送。「国公立大学による放送講座は多々ありますが、私立大学が実施するのは珍しく、リスナーから高い評価を得ています」

続いて「就職力」。独自の支援プログラムとキャリアセンターによる4年間を通じての「自己発見」、「自己実現」の支援。「独自に構築した支援プログラムと、キャリアアドバイザーによるきめの細かい指導で、学生一人ひとりの目標実現をサポートしています」

「学生は、明るく張り切りボーイが多い。お坊ちゃん的な慶應的な部分と進取の気概を持った早稲田的な部分を持ち合わせる。企業の人事担当者は、そうした点を評価してくれているようです」。父を思い出したかのように笑った。

11万人を超える卒業生の助力も大きいという。地元の企業経営者の先輩も多い。十六銀行頭取は同大OBである。週刊誌の08年度版「大学ランキング」の20代社長ランキングは京都大学・東京理科大学と並んで11位だった。

「学生力」。「父がスポーツ好きで、強い運動部は母校愛につながるとスポーツ系クラブに力を入れてきた。野球部を筆頭にサッカー、バレーボールが頑張っている。高い歯科医師、薬剤師の国家試験合格率と合わせ、"文武両道日本一"

を目指そうと学生には話している」

　名古屋市中央の新キャンパスは、2012年にも建設に着手、14年度に移転予定。首都圏で展開された受験生確保のための都心回帰が名古屋でも行われている。

　名古屋中心部から離れて郊外にある4大学がこぞって名古屋中心部へ移転、もしくは移転を計画。かさむ交通費や移動時間がかかりすぎてアルバイトの選択肢が限られてくるという学生の要望に大学側が応えたようだ。

　「新キャンパスは学生・教員併せて2,000人ほどの規模で、ビジネス系学部を移転させる計画。しかし、現在の日進キャンパスの素晴らしい環境も大事にして、双方が発展するキャンパス像を練っています」

　再び新しい時代を迎えますが？と小出に尋ねた。「これまで、世の中が求めている学部学科を設置して、それぞれ成功を収めてきた。これからは18歳人口が減って大学経営は厳しい時代を迎えるが、何を社会が求めているかを凝視し、それに合った教育を提供していきたい」

　学生に言いたいことは？「女子サッカーの『なでしこジャパン』の活躍は、毎日の地道な努力の成果が出たということだ。毎日、毎日を努力して生きる、それが将来につながる。『行学一体』『報恩感謝』の気持を常に持っていてほしい」。伝統を守りつつの改革という姿勢は揺らぎがないように映った。

Information

ホームページ	http://www.agu.ac.jp/
研究情報	http://www.agu.ac.jp/other/index.html
キャンパス情報	大学だより http://www.agu.ac.jp/about/letter.html

共に学び、探究し、世界に発信する大学

青山学院大学

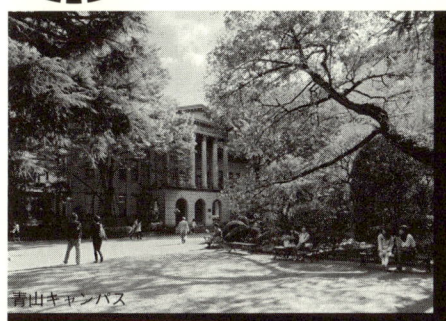

青山キャンパス

◎教員：専任574名
◎職員：専任298名
◎学費：初年度納入金(2013年度)
　1,265,200 ～ 1,758,000 円
◎学部：
[文学部]英米文学科/フランス文学科/日本文学科/史学科/比較芸術学科
[教育人間科学部]教育学科/心理学科
[経済学部]経済学科/現代経済デザイン学科
[法学部]法学科
[経営学部]経営学科/マーケティング学科
[国際政治経済学部]国際政治学科/国際経済学科/国際コミュニケーション学科
[総合文化政策学部]総合文化政策学科
[理工学部]物理・数理学科/化学・生命科学科/電気電子工学科/機械創造工学科/経営システム工学科/情報テクノロジー学科
[社会情報学部]社会情報学科

【大学データ】
◎学長：仙波憲一
◎住所：[青山キャンパス]〒150-8366
　東京都渋谷区渋谷4-4-25
　[相模原キャンパス]〒252-5258
　神奈川県相模原市中央区淵野辺5-10-1
◎電話：03-3409-8627
◎設立：1949年
◎学生：18,379名

【大学情報】

入学・修学

2013年度から、人文・社会科学系7学部は、国際色豊かな街、渋谷・表参道エリアにある「青山キャンパス」で4年間学び、また、理工学部と社会情報学部は、最新の設備・施設がそろう「相模原キャンパス」で4年間学ぶ。充実したカリキュラムの提供、年次を超えた交流による教育研究活動や課外活動など、より実り豊かなキャンパスライフを提供する。

主な就職先(過去2年間)

㈱三菱東京UFJ銀行/㈱みずほ銀行/全日本空輸㈱/野村證券㈱/日本生命保険(相)/㈱損害保険ジャパン/㈱三井住友銀行/ソフトバンクBB㈱/㈱りそな銀行/SMBC日興証券㈱/楽天㈱/日本郵便㈱/東日本旅客鉄道㈱/㈱エヌ・ティ・ティ・データ/キヤノン㈱/三菱電機㈱/㈱日立製作所/㈱日立ソリューションズ/スタンレー電気㈱/浜松ホトニクス㈱/日本ユニシス㈱/富士ゼロックスアドバンストテクノロジー㈱/東海旅客鉄道㈱/㈱リコー/ヤフー㈱/本多技研工業㈱/中央労働金庫/㈱エイチ・アイ・エス/㈱ジェイアール東日本情報システム/ソニー㈱/日本電気㈱/NECモバイリング㈱/住友不動産販売㈱/ソフトバンク㈱ 他

Philosophy

(2011年6月22日)
"都心回帰"で受験者増へ
相模原には新学部構想　文系1、2年生は青山に

　21世紀に入って行った改革が実を結んだいま、再び改革の舵を切った。青山学院大学(伊藤定良学長・当時)は、2009年に創立60周年を迎えた比較的新しい大学。もっとも、母体の㈻青山学院は、明治初期にアメリカのメソジスト監督教会から派遣の宣教師が設立という古い伝統がある。創立当初は文学部、商学部、工学部の3学部だったが、商学部の改組や法学部・理工学部・国際政治経済学部・教育人間科学部・総合文化政策学部・社会情報学部の新設などの改革を行い、現在では9学部を擁する総合大学に。大学スポーツ強化も結実、男子バスケットは4冠達成、陸上長距離は箱根駅伝連続シード権獲得。新たな改革は、教育研究機能の高度化をねらった青山・相模原両キャンパスの再開発。12年4月から人文・社会科学系学部の1、2年生が青山キャンパスに移行する予定だったが、東日本大震災の影響で1年間延期となった。そうした課題を抱えつつも、新たな改革にこだわる学長を直撃した。

大震災で1年延期　キャンパスを再開発

　つたの絡まるチャペル♪と唄われたベリーホールは国の登録有形文化財。ペギー葉山のヒット曲「学生時代」は第2校歌と呼ばれ、2009年に学内に歌碑が建立された。青山と相模原の2つのキャンパスに約18,000人の学生が学ぶ。

　青山学院は、1874年にドーラ・E・スクーンメーカーが麻布に開校した「女子小学校」、78年にジュリアス・ソーパーが築地に開校した「耕教学舎」、79年にロバート・S・マクレイが横浜に開校した「美會神学校」が源流だ。

　青山学院大学は、この青山学院を母体として1949年に新制大学として開設された。学長の伊藤が大学を語る。

　「すべての人と社会とに対する責任を進んで果たす人間を育成し、『地の塩、世の光』としての教育研究共同体の充実を図るために、新たなスタートを切り

青山学院大学

ました。大学を創造の場、学びの場、出会いの場としての『知の共同体』として捉え、社会、そして世界とともに歩む大学を目指しています」

　伊藤が改革を語る。「21世紀に入って積極的に大学改革に努めてきました。相模原キャンパスの開学とともに青山スタンダードを発足させ、国際マネジメント研究科など3専門職大学院を設置、青山学院大のイメージを変えました」

伊藤定良　学長（当時）

　青山スタンダードとは、学部生の教養教育を充実させる教育システム。全学生が共通科目を履修することで、卒業すれば一定水準の教養や技能を備えていることを保証するねらいがある。語学、パソコンスキルや就業力育成の科目などがある。

　学部学科新設による改革。2008年に総合文化政策学部と社会情報学部の2学部と経済学部に現代経済デザイン学科を設置。「学部としては26年ぶりの新設でした」。09年には文学部を改組、教育人間科学部として独立させ経営学部にマーケティング学科を設置した。

　「新学部新学科は、現代社会に対する本学ならではの学問的応答で、新たな学際的分野に切り込み、『知の共同体』をさらに発展させるのがねらいです。このように、本学の大学改革は着実に前進してきました」

　こう続けた。「総合文化政策学部は、青山という立地を活かし、『青山コミュニティラボ（ACL）』を通して、新しい文化・芸術の創造と発展への貢献を目指しています。社会情報学部のカリキュラムは計量経済学、金融、経営学、人口学、社会心理学、システム設計、金融工学と幅広く、2009年にiPhone 3Gを同学部生全員に配布しました」

　改革には、キャンパス新設、移転（閉鎖）が伴った。1965年の理工学部設置の際には理工学部専用の廻沢キャンパス（後の世田谷キャンパス）を、82年の国際政治経済学部設置の際には1、2年次の学生対象に厚木キャンパスをそれぞれ開設した。

「厚木キャンパスは、交通アクセス面の不都合で、世田谷キャンパスの老朽化もあり、世田谷、厚木両キャンパスを閉鎖・統合する格好で03年、相模原キャンパスを新たに開設しました」

　2004年から体育会強化指定部制度をスタートさせた。「スポーツなどの課外活動は大学を活性化させ、学生・教職員・校友のユニバーシティアイデンティティを強めます。ようやく、強化策が実りました」と伊藤は笑みをうかべた。

　硬式野球部は、東都大学野球連盟の強豪に。同部出身者にはプロ野球へ進む選手も多い。2012年度のスポーツ選手の出身大学・プロ野球部門で1位に。陸上競技部は、箱根駅伝で09年に33年ぶりの出場を果たした。翌10年は総合8位、11年は同9位、12年は同5位、13年は同8位と4年連続のシード権獲得。バスケットボール部は、全日本学生選手権大会優勝4回。11年度は2年連続学生大会4冠を達成した。「本学の体育会は、他の大学と違い、選手の数も少ない中本当に頑張っています。勉強との両立が求められており、バスケット部OBで、公認会計士の試験に合格した選手もいます」

　さて、新たな改革だが、なぜ、いまなのか？「少子化、大学全入と大学を取り巻く環境が厳しさを増しています。状況の変化を見据え、新しいニーズに対応するためです。受験者数などは増えていますが、さらに受験生を呼び込める体制をつくりたい。改革の目玉は、2012年からのキャンパス再開発です」

　具体的には？「基礎教育の充実、専門教育との連動といった教育研究機能の高度化のため青山・相模原両キャンパスの再配置。青山キャンパスは移行前と比較し約2倍の学生を収容する計画。残念ながら1年延びましたが……」

　移転後、青山キャンパスは7学部14,500人が学ぶ。青山地域の文化的環境を活かし、人文・社会科学系の知的拠点として、学問・文化の創造とその世界への発信を担う。相模原キャンパスは2学部3,500人が学ぶ。理工学部・社会情報学部のほか、新学部設置の構想もある。

　「青山キャンパスに人文・社会科学系学部の1、2年生が来ます。3、4年生と一緒になることで、教育研究、課外活動なども刺激を受ける。相模原では少

なかった千葉や埼玉県の学生も昔のように増えるはず」

　研究・教育面で、伊藤が目指すのがグローバル化。「本学のグローバル化は創造・学び・出会いの場のグローバル化。アメリカのメソジスト監督教会から派遣された宣教師が設立したように、開学時から国際ネットワークを持った大学。難しい舵取りが迫られている21世紀を生き抜ける人材を育てたい」

　具体的には？「学生を海外の大学に送るために英語圏の大学との協定校を増やすとともに、短期研修プログラムも拡充。アジア、とくに中国、そして旧東ヨーロッパや中央アジア地域の協定校を拡大したい。英語の授業のみで卒業するプログラムを設けるなどの試みを行っています」

　「留学する学生が減っているというが、本学は逆に増えています。留学生も着実に増加。開学以来しばらく、文学部の英米文学科が人気で『英語の青山』と言われてきたが、語学教育が立ち遅れてきたところは正直ある。『英語の青山』を復活させたい、いや復活させる」。力むことなく応えた。

　最後に、MARCHと言われることは？と問うた。「本学より先に改革を行った大学が多い。後から改革を行う利点もあるはず。切磋琢磨して、ともに発展したい」。こう付け加えた。「負けられません」。伊藤の言葉には、グローバル化など新たな改革を武器に青山学院大の存在感を改めて示したい、という強い意気込みが感じられた。

Information

ホームページ	http://www.aoyama.ac.jp/
研究情報	http://www.aoyama.ac.jp/research/
産学連携情報	http://www.aoyama.ac.jp/research/cr/

偉大なる平凡人たれ

大阪産業大学

校舎

【大学データ】
◎学長：本山美彦
◎住所：〒574-8530
　大阪府大東市中垣内3-1-1
◎電話：072-875-3001〈代表〉
◎設立：1928年
◎学生：9,290名 ※2013年5月1日現在
◎教員：241名 ※2013年5月1日現在
◎職員：86名 ※2013年5月1日現在

◎学費：1年次納入金 ※入学納入金含む
人間環境学部
（文化コミュニケーション学科・生活環境学科1,242,500円、スポーツ健康学科1,442,500円）
経営学部・経済学部1,220,500円
デザイン工学部・工学部1,624,500円
◎学部：
［人間環境学部］
　文化コミュニケーション学科／生活環境学科／スポーツ健康学科
［経営学部］経営学科／商学科
［経済学部］経済学科／国際経済学科
［デザイン工学部］
　情報システム学科／建築・環境デザイン学科
［工学部］
　機械工学科／交通機械学科／都市創造工学科／電子情報通信学科

【大学情報】

入学・修学

入試内容は大きく3つに分かれる。AO入試、スポーツ・文科系クラブ・資格推薦入試などの「ユニーク入試」。成績に自信ある人などに適した「公募推薦入試」。学力試験で勝負したい人、併願したい人に適した「一般・センター試験利用入試」。また、就職支援では、各学科に専属のスタッフを配し担当学生のプロフィールを把握、最適な進路選択をサポートする。

外部連携

創立来の「実学教育」の伝統のもと、地元東部大阪を拠点とする企業、商工団体との連携による共同研究や技術指導など独自の取り組みを早期より展開。海外提携校は、世界16か国1地域81の大学や学校。留学生の受け入れや学生の交換留学・語学研修、教員の交流など積極的な国際交流を推進。

主な就職先（過去2年間）

㈱クボタ／西日本旅客鉄道㈱／㈱りそな銀行／積水ハウス㈱／日本郵便㈱／㈱安藤・間／スズキ㈱／大和ハウス工業㈱／新日鐵住金㈱／綜合警備保障㈱　他
（2013年3月卒業生実績・単年度）

Philosophy

(2011年9月7日)
デザイン工学部を開設
文理融合の総合大学へ　充実の就職、施設、部活

　『偉大なる平凡人たれ』が建学の精神である。大阪産業大学(本山美彦学長)は、開学以来、交通・産業を中心に教育・研究を展開、有為な人材を育て社会に送り出してきた。建学の精神の意は「名誉や地位の追求ではなく、人間社会への貢献を生き甲斐とし、それに喜びを感じること」だという。「一人ひとりが夢の結果を得られる就職の強さ」、「地域にも開放される『Wellness2008』など充実した施設設備」、「野球部・男子バスケットボール部・バレーボール部など強豪クラブ・サークルの存在」が特長だ。"元気がいい大学"というのが訪れた際の印象だ。2012年には既存の工学部情報デザイン学科と建築・環境デザイン学科を改組・再編、関西地区の大学では初の「デザイン工学部」を新設(当時)。文系から理系まで学べる文理融合型の総合大学として進化する。大阪産業大学のこれまでとこれからを学長に聞いた。

建学の精神「偉大なる平凡人たれ」

　大阪産業大学は、瀬島源三郎が1928年に創立した大阪鉄道学校が前身。「わが国将来の産業経済を考えるとき、交通と産業の併行的発展こそ、不可欠である」というのが瀬島の開設理由だった。

　1965年、大阪交通大学(経営学部及び工学部)を設置。同年、大阪産業大学と名称を改称。86年に経済学部、2001年に人間環境学部を設置、総合大学へと発展する。08年に学部学科再編を行い、人間環境学部の文化環境学科を文化コミュニケーション学科に、同都市環境学科を生活環境学科に、工学部の環境デザイン学科も建築・環境デザイン学科にそれぞれ名称変更。人間環境学部にスポーツ健康学科を新たに設けた。

　「スポーツ健康学科は、少子高齢化時代を迎え、スポーツと健康のスペシャリストを養成するのが目的。学生は保健体育の教員や、病院・福祉施設での

健康運動の指導、スポーツクラブでのインストラクターなどを目指しています」
　学長の本山が大学の教育について語る。「建学の精神を踏まえて、社会人として大切な教養や倫理観を養い、読み・書き・ITなどの基礎学力の上に立った幅広い専門知識を習得することが教育目標です」
　近年、大学には基礎学力及び専門知識に加えて、自主性・創造性、自己学習能力、コミュニケーション能力などの社会人基礎力がこれまで以上に問われている。これには、どう対応しているのか？
　「課外活動、ボランティア活動、インターンシップなどを通じて、ある程度の社会人基礎力は培われます。本学では独自に『プロジェクト共育』を実施することで、学生自らが主体性を持って学び、問題解決能力を養っています」
　『プロジェクト共育』とは？「2007年にスタートした学生たちが一つのテーマに自主的に取り組む活動です。ねらいは、社会人基礎力の養成で、これにより、学生の積極性、行動力、コミュニケーション能力が伸びています」
　プロジェクト共育には、国際自動車連盟公認の世界大会で6回も優勝している「ソーラーカープロジェクト」、菜種油を使ってバスを走らせる「菜の花プロジェクト」、緑化や清掃美化活動を通して潤いと活力あるキャンパスライフを実現しようという「エコ推進プロジェクト」など約30のプロジェクトがある。
　「ソーラーカープロジェクト」は1989年発足というから歴史もある。環境、エネルギー問題に対し、その保全策としてクリーンで無尽蔵な太陽エネルギーに動力源を求めたソーラーカーの開発に取り組んできた。
　「ソーラーカーの開発を通じて『モノを造るよろこび』、『エネルギーの大切さ』、『クリーンエネルギーのすばらしさ』を実体験し、国内外で開催されるソーラーカーの競技会に参加して評価を得ています。この活動は、創造性と技術力に優れた人材を育成する実践教育にもなっています」
　「エコ推進プロジェクト」は、環境問題への取り組みを考える中で、空気浄化作用を目的に間伐材を利用したプランターを学内に数多く設置。大阪府から「大阪府木づかいCO_2認定証」を受賞した。

大阪産業大学

　次に、特長の1つの就職の強さ。2つのセンターが支援する。教育支援センターは、様々な資格の取得支援から「プロジェクト共育」のサポートまで行う。キャリアセンターは、就職相談、ガイダンス、セミナーの開催を含めた就職指導、キャリア支援プログラム、求人先の開拓・調整などでバックアップ。

本山美彦　学長

「本学では、用意されている資格（免許）を得るチャンスを生かしてほしいと『資格取得のすすめ』を推進しています。手に職をつける資格や技能は就職に直結し、キャリアアップの手段ばかりでなく、いざというときに役立つからです」
　大学のある大東市周辺は、"ものづくりの街"。「現代技術の担い手が暮らす町であり、歴史的遺産にも恵まれた町です。そうした歴史と伝統もあって地域密着型の産学連携プロジェクトも盛んです」
　産学連携プロジェクトでは、鈴鹿ソーラーカーレース参加やダカールラリーの完走といったプロジェクトを敢行。2007年のダカールラリーではドライバーが片山右京、バイオ燃料エンジンの車での完走といった話題で注目を集めた。
　さて、2012年開設のデザイン工学部。「"人と環境にやさしいものづくり"をテーマに、毎日をもっと楽しくできる、ものづくりの感性とデザインの技術を磨いていきます。人々の豊かな生活を創造できる技術者・デザイナーを養成するのが目的です」
　情報システム学科と建築・環境デザイン学科がある。情報システム学科は、ソフト・システム・WEB・アニメなど多彩な領域から人に役立つ技術を探る。建築・環境デザイン学科は、機能性と快適性、人に感動を与える美しさまで備えた環境・空間・モノの創造に取り組む。
　「情報システム学科は、卒業後はIT産業やコンテンツ産業などでの活躍が目指せます。建築・環境デザイン学科は官公庁・行政や建設業・ディベロッパー、建築設計事務所、インテリアデザイン事務所など多彩な進路が期待できます」
　こう付け加えた。「女性の持つ感性が、これからの大学には必要で、文理融

合型の新タイプのデザイン工学部は女性にも適しています。発想の異なる学生がお互いに刺激しあい、人間としての幅を広げていってほしい」

キャンパスは東西に広大で、中央キャンパスは主に教養部と文系が中心。東部キャンパスには工学部・工学研究科が集中する。附属の大阪桐蔭中学校・高等学校は西部キャンパス全体と東部キャンパスの一部に併設されている。

1つのキャンパスに10,000人以上の学生が在籍する大阪産業大学は、部活・サークル活動も盛んで、特に、野球部・男子バスケットボール部・バレーボール部・柔道部・剣道部などは「全国区」の強豪クラブである。

「部活・サークル活動は、教育方針である『創造性豊かな人材を育成し、産業社会の発展と人類の福祉に寄与する』に不可欠。遊びでなく大学教育の一環と位置付け、援助金の交付や優秀な成績を収めた部活・サークルには表彰制度も設けています」

大阪産業大学のこれからを、本山が語った。「新しい産業社会の発展と人類の福祉に寄与できる世界的視野に立つ近代的産業人、交通・産業教育に加えて、創造性と人間形成に重点をおく人材を、これからも育成したい」

こう学生にエールを送る。「建学の精神とする独自の学風を通じて、深い人生観と広い世界観を養ってほしい」。時代は変わっても、「偉大なる平凡人たれ」の精神は一貫している。それが大学の元気につながっている。

Information

ホームページ	http://www.osaka-sandai.ac.jp/
産学連携情報	http://www.osaka-sandai.ac.jp/cgi-bin/cms/top.cgi?cat=coop
キャンパス情報	http://www.osaka-sandai.ac.jp/cgi-bin/cms/facility_top.cgi?page=campus

真に自立した女性を育む空間

大妻女子大学

千代田キャンパス

◎設立：1908年
◎学生：6,739名　※2013年5月1日現在
◎教員：199名　※2013年5月1日現在
◎職員：145名　※2013年5月1日現在
◎学費：初年度納入金（2013年度）
　1,407,650円～1,479,650円
◎学部：
　[家政学部]
　　被服学科/食物学科/
　　児童学科/ライフデザイン学科
　[文学部]
　　日本文学科/英文学科/
　　コミュニケーション文化学科
　[社会情報学部]
　　社会情報学科
　[人間関係学部]
　　人間関係学科/人間福祉学科
　[比較文化学部]比較文化学科

【大学データ】
◎学長：荻上紘一
◎住所：[千代田キャンパス]〒102-8357
　東京都千代田区三番町12
　[多摩キャンパス]〒206-8540
　東京都多摩市唐木田2-7-1
　[狭山台キャンパス]〒358-8588
　埼玉県入間市狭山台234
◎電話：03-5275-6159〈広報戦略室〉

【大学情報】

■入学・修学

AO入試（I期・II期）、公募推薦入試、同窓生子女推薦入試、特別推薦入試、指定校推薦入試、社会人入試、一般入試A方式、一般入試B方式（センター利用）、編入学試験。※詳細は当該年度の募集要項参照

■外部連携

千代田区との防災協力、学術協力や多摩市との連携による子育て支援事業の他、「ネットワーク多摩」に参加し教育に関する調査研究・地域活性化を実践。学生活動では千代田区内小学校での放課後校庭開放の支援や多摩市の小中連携体験授業に理科実験等の授業補佐として協力。また、東武百貨店池袋店レストラン街とのメニュー共同開発、キャリア形成を目的とした課題解決型授業「キャリア・デベロップメントプログラム」で多数の企業・自治体と提携し、解決策などを立案。

■主な就職先（過去2年間）

㈱三井住友銀行/㈱三菱東京UFJ銀行/㈱みずほフィナンシャルグループ/東ソー㈱/キッコーマン㈱/サッポロビール㈱/積水ハウス㈱/㈱ブリヂストン/東京海上日動火災保険㈱/全日空空輸㈱/東日本旅客鉄道㈱/本田技研工業㈱/東京都教育委員会　他

Philosophy

(2011年1月12日)

創立100周年を機に改革 全学共通科目を導入
理念は「関係的自立」

　大妻という校名から、どうしても良妻賢母のイメージが強くなる。歴史的には、創立者の大妻コタカが1908年に設置した裁縫、手芸の塾が母体であることから、そう見られてしまうのはやむを得ない面もある。しかし、大妻女子大学(大場幸夫学長・当時)は、そんなイメージと裏腹に時代に即応した改革を行ってきた。90年代からは、92年の社会情報学部、99年の人間関係、比較文化両学部の設置など漸進的な改革を行い、創立100周年の2008年には「大妻学院のミッションと経営指針—創立100周年を迎え共に取り組むために—」を策定、「関係的自立」をキーワードに大胆な大学改革に乗り出した。「女子大冬の時代」と言われ、少子化・大学全入問題など厳しさを増す大学の現代(いま)に対応したもの。大改革に踏み切ったねらいと内容、そして、これからを学長に尋ねた。

誇る就職力　キャリア教育を強化

　大妻女子大学は1908年、大妻コタカが麹町の一角に開いた塾が前身。42年、大妻女子専門学校を設立、戦後の学制改革で49年、大妻女子大学(家政学部)を設立した。67年、文学部を設置。92年、社会情報学部、99年、人間関係学部、比較文化学部を設置。2002年、家政学部にライフデザイン学科、文学部にコミュニケーション文化学科を増設した。現在、千代田キャンパスに家政学部、文学部(1年次は埼玉・狭山台キャンパス)、多摩キャンパスに社会情報学部、人間関係学部、比較文化学部の5学部に6,739人の学生が学ぶ。

　学長の大場が大学を語る。「開学以来、恥を知れ(自分を省みる)、をバックボーンにやってきました。私塾的な面倒見のよさが特長です。学祖は地方出身の給費生を自宅に同居させるなど手厚く学生に接してきました。この伝統はいまも生きています」

　2008年に作成した「大妻学院のミッションと経営指針」。新しい全学統一教

育理念として打ち出したのが「関係的自立」。大場が説明する。

「人を押しのけて、でなく、助け合いながら育つ自立。個人的自立でなく、関係を大事にする自立です。2010年7月、日本学術会議がまとめた大学教育の分野別質保証の回答で『21世紀は協働する知性が担う』と言っていました。『協働する知性』は大妻の『関係的自立』と重なります。我々がまとめたミッションに自信を持ちました」

大場幸夫　学長（当時）

ミッションの具体的な中身は？「新しい事業を実施することを決めました。すでに、スタートさせたものもあります」

全学共通科目を導入した。「教養科目を重点にキャンパス間の共通化を実現しました。また、『大妻教養講座』という建学の精神に立ち返った講座を開設。キャリア教育では、学生の参加型の授業を導入、学びの協働を通して自立を促します」

キャリア教育・支援には力を入れる。「卒業要件を満たしながら就職先の内定を決めることが極めて難しい昨今の厳しい就職状況を考慮した取り組みも進めています」。これについては後述する。

大学院研究科を再編一本化して「人間文化研究科」がスタート。「研究面でも教育面でも専門横断的な学びを可能にする講座を用意。教職の専修免許状の取得が可能なので、中堅的指導的な教員の輩出にも貢献します」

地域貢献、国際交流も

教職員・学生のスキルアップも。「教職員・学生の能力開発を目指したSFSD懇話会を実施しました。これにより学内連携・学生支援・地域貢献・国際交流などへの教職員の協議の成果をまとめ、新たな方策を実行します」

地域貢献では、多摩キャンパスに学際的な3学部を持つ強みを生かす。2003年、多摩市と、「開かれた地域社会を志向し、相互の連携を通じて、地域社会への貢献を図る」という協定を結んだ。

多摩キャンパス正面階段

　2009年から多摩市立子育て総合センターの「子育てひろば」「リフレッシュ一時保育」「人材育成・研修ネットワーク」の3事業を受託、市・NPO法人と連携して運営。12年11月、子育て総合センターは開設3周年。「子育てひろば」の利用者は47,000人を超えた。
　キャリア支援の話に入る。「就職支援に力を入れている大学」と言われてきた。文部科学省のGPに「文理融合型女性情報技術者の養成と進路拡大のための支援事業」(2009年度)と「質量両面の就業力向上のためのキャリア教育」(10年度)が続けて選定された。
　大妻の誇る就職力とは？「就職のための就職ではなく、人間らしく生きるための就職と捉えています。資格だけでなく、挨拶、言葉遣い、身だしなみなど社会人として必要なマナーの習得に力を入れています。先輩方の活躍によって企業との太いパイプも力になっています」
　企業からの求人は減っていますが？「一生懸命就職活動をしても内定をとれない学生が増えています。3年生の6月から就職活動支援ガイダンスを実施、内定獲得には、あと何が足りないのかをアドバイスするとともに、ガイダンス参加者に個別に企業紹介を繰り返して、卒業までに就職できるよう支援します」
　2011年度から「キャリア教育センター」を発足させ、キャリア教育をより強化した。各学部や事務局が独自に行ってきたキャリア教育を統一化・体系化。「関係的自立」の具現化で、社会のニーズに応えた人材養成機能強化の司令塔を目指す。
　「学生の自発的活動を促進します。初年次教育を充実化させ、正課内外の様々な体験的学びに主体的に取り組む意欲を喚起し、学習ポートフォリオ作成を支援。就職活動時には、在学中の学びを整理し、卒業後の人生を展望した上で、自らの就業観をしっかりと持てるように支援するのがねらいです」
　具体的には？「学びのコンテンツとして、PBL（プロジェクト型学習）であ

るCDP（キャリア・デベロップメント・プログラム）など、他者との関係性を体験する機会やインターンシップ、実務経験者の話を通じて、職業生活と私生活の現実とをつなげる機会を拡充したい」

　大妻のこれからを大場に聞いた。「これまでの100年は財政的な裏付けもあって、創立100周年では思い切った改革を行うことができた。これらの成果が現れるのは10年後になるが、これからの100年を座していてはいけない」

　それには、どういう大学を目指すのか？「『異繋ぎ(いつなぎ)』をキーワードに学部、学科、学年といった違いを乗り越えて連携しよう、と2006年度から家政学部を皮切りにCDPを導入。2年生が1年生を指導するなど学生同士のつながりを強める試みが成果をあげてきました」

　最後を、こうつないだ。「これからは、学生だけでなく教員、職員も一緒に『異繋ぎ』の精神でまとまって歩んでいきたい」

Information

ホームページ	http://www.gakuin.otsuma.ac.jp/
研究情報	大妻女子大学研究者データベース http://www.gakuin.otsuma.ac.jp/teacher_search/teacher/ 大妻女子大学学術リポジトリ https://otsuma.repo.nii.ac.jp/
産学連携情報	大妻ニュースにて適宜発信 http://www.gakuin.otsuma.ac.jp/university/news/index.html
キャンパスの様子	キャンパスマップ http://www.gakuin.otsuma.ac.jp/university/access/

Finding Your Own Way

お茶の水女子大学

大学本館

◎学費：
入学料282,000円
年間535,800円
（前期：267,900円、後期267,900円）
◎学部：
[文教育学部]
　人文科学科／言語文化学科／
　人間社会科学科／芸術・表現行動学科／
　グローバル文化学環
[理学部]
　数学科／物理学科／化学科／
　生物学科／情報科学科
[生活科学部]
　食物栄養学科／人間・環境科学科／
　人間生活学科

【大学データ】
◎学長：羽入佐和子
◎住所：〒112-8610
　東京都文京区大塚2-1-1
◎電話：03-5978-5105
◎設立：1875年
◎学生：2,049名
◎教員：324名
◎職員：142名

【大学情報】

入学・修学

1875年に国によって設置された東京女子師範学校を前身とし、女性の高等教育機関として130余年にわたって先駆的な教育者や研究者を育成。ミッション《学ぶ意欲のあるすべての女性にとって、真摯な夢の実現される場として存在する》を掲げ、教育改革と研究の推進、社会貢献に努める。

外部連携

文部科学省の「グローバル人材育成推進事業」に採択され、国際化への取り組みを強化。学生の海外派遣数を拡大し、留学生の受け入れ体制を整えて、国際化を促進。また、国内外問わず、協定校を拡大し、多様な学修環境を準備している。

主な就職先（過去2年間）

㈱講談社／㈱日立製作所／パナソニック㈱／㈱東芝／日本電気㈱／㈱IHI／日産自動車㈱／トヨタ自動車㈱／㈱ブリヂストン／㈱三菱東京UFJ銀行／東日本電信電話㈱／キユーピー㈱／森永製菓㈱／三菱商事㈱／㈱商船三井／日本放送協会／東宝㈱／㈱資生堂／㈱コーセー／花王㈱／三井物産／日本銀行／㈱リコー／㈱ニコン／キヤノン㈱／日本アイ・ビー・エム㈱／デュポン㈱　他

Philosophy

お茶の水女子大学

(2011年11月23日)
リーダーシップ教育推進
確かな知と他者を尊重 社会を変える女性育成

　静かな大学改革が進む。お茶の水女子大学(羽入佐和子学長)は、日本最初の女子高等教育機関として多様な分野で活躍する女性を社会に送り出してきた。大学院への進学率が30～40％（理学部では60％以上）で、卒業後は専門職に就く学生が多い。少子化、大学全入といった厳しい環境の中、各大学とも学部学科の新設や改編、共学化などの改革を行った。お茶の水女子大は1990年代に生活科学部の設置、文教育学部の学科再編を行った。そのお茶の水女子大が近年、リーダーシップ教育の推進など女子大の存在意義を賭けたと思える大きな改革に動きだした。2008年、リーダーシップ養成教育研究センターを設置、就業力の向上など社会を変える女性リーダー育成を意識した改革。「理念は、確かな知を身につけ、他者を尊重し、寛大な心をもつことです」という学長に、静かで大きな改革の中身や女子大のこれからを尋ねた。

高い大学院への進学率 多い専門職に就く学生

　お茶の水女子大学は1875年に開校した東京女子師範学校が淵源。85年、東京師範学校女子部となり、90年、高等師範学校から分離独立し女子高等師範学校に。1949年、国立学校設置法によって新制お茶の水女子大学となった。文学部・理家政学部の2学部だったが、翌50年から文教育学部・理学部・家政学部の3学部。その後、改組・改称を経て、文教育学部・理学部・生活科学部の3学部に。2012年5月現在2,062人、大学院生995人の計3,057人が学ぶ。

　学長の羽入がお茶大を語る。「女性の持つかぎりない可能性を、創立以来、深く信頼してきました。真摯に学ぶ女性を育成し、教育と研究の成果を社会に還元することで、日本のみならず国際的に社会をリードし未来を創造しうる女性のためのより高度な教育研究機関となることを目指しています」

　お茶大のよさは？「小規模な大学であること。4年間の授業は、ほとんど少

人数の授業。学生は授業を通して学生とはもちろん、先生方とのディスカッションをする機会が多くあります。他の専門の学生や分野の異なる教員の考え方に直接触れる機会も多く、思考の柔軟性や創造性を身につけることにもなります」

「お茶大の卒業生には、専門を活かした仕事についている人の割合が高く、生涯を通して仕事を続けている人の割合が他の大学出身の女性より高い。学生の3人に1人が大学院生という『高度な専門を学ぶ風土』が背景にあります」

教育面では、2011年からは新たに「複数プログラム選択履修制度」をスタートさせた。「学生の主体性を重んじ、それぞれの関心に沿って専門性を深め、あるいは領域を横断して広く学ぶことができる履修制度。広く学びたい学生のために副プログラム、学際プログラムが選択できるようにしました」

2008年から開始した、21世紀型リベラルアーツ教育。「問題を発見し、解決する能力を習得するお茶大固有の教育プログラムで、既存の学問分野を超えた知識と学問の手法を提供。生命と環境など5つのテーマにアプローチする文系・理系の科目セットを整えました。学生は主体的に授業を選びます」

「もうひとつ、力を入れているのが国際化に向けての語学教育。学生には日本文化を伝えるための外国語能力を持つようにさせたい。国際化には、日本の文化を知り、それを発信できる語学能力が必要だと思います」

卒業生の進路について。「伝統的に教職に強い大学と言われていますが、実際の就職先はIT業界から金融、メーカー、公務員と多岐にわたります。企業からは、基礎学力があり安心して任せられると言われています。就職率？2008年までは100%でしたが、10年の90%という数字に危機感を抱いています」

さて、なぜいま、リーダーシップ教育なのか、を聞いた。「現在の混沌とした社会では、『共に在ること』を心に留めていきたい。社会の中で生きる人を育てる大学として、とくに本学はリーダーとなる人材を育てることが使命だと思います」

具体的には？「リーダーに必要なのは、知識と見識と寛容さ。個性を伸ばし、主体性を重んじることがリーダーシップ教育につながります。これまでも教育

分野などで先導的なリーダーを輩出してきました。これからも専門的な知識を基盤に人間として高い見識をもったリーダーを育てていきたい」

　リーダーシップ教育の理念を具現化した施設が2つある。ひとつが、2011年度開設した学生寮。5人の寮生が一つの「ハウス」をつくって共同生活する。50人の定員はすぐに埋まった。「お茶大SCC（Students Community Commons）と名付けました。理念は、『共に住まい、共に学び、共に成長する』」。お茶大SCCは日本デザイン振興会が主催するグッドデザイン賞（住宅部門）を受賞した。

　もうひとつが、2007年に設置した附属図書館の「Learning Commons」という空間。80台のパソコンが設置され自由に利用できる。「そこでは『共に学び、共に成長する』ことを理念としました」

　社会・地域貢献にもお茶大らしさがある。2010年10月、お茶大グッズをリニューアルした。グッズの購入代金の一部は途上国の女子教育支援に役立てられる。生活科学部の学生らは、「ときわこまち」というお菓子を開発。お茶大に伝わる秘伝の「ときわじるこ」をどら焼きに仕上げたもの。イベント等に合わせて地元の老舗和菓子店で製造している。

　ところで、大学運営では、私大の女子大より国公立の女子大のほうが国の助成などで優位とみられているが、国公立の女子大ゆえの困難があるという。

　国公立の女子大が男子の受験を拒むのは、法の下の平等に反するという議論がある。大阪女子大、広島女子大、高知女子大など公立女子大学が共学化した。私立の女子大は、建学の精神があるため問題にならない。共学化を問うた。

　「大学としては、日本の女性の活躍状況を考えたときに、優れた女性が社会で活躍できる環境を整え、その手法を提案することは重要な使命であると考えます。リーダーシップ教育も、単に女性の役職者の割合を増やすということで

羽入佐和子　学長

はなく、人間が真の意味で豊かに生きる社会を築くことをも意味しています」
　お茶の水女子大の校歌「みがかずば」は、昭憲皇太后から下賜された和歌。学問の道を究めるため常に努力を怠らない姿勢を、宝石や鏡を磨くという行為になぞらえている。現在も歌い継がれている。
　リーダーシップ教育の理念を示すロゴをつくった。「みがかずば」の精神によって育まれる、知性、しなやかさ、心遣いを兼ね備えたリーダー像をイメージし直線と曲線を融合。曲線は「みがかずば」の「Mi」と、「Make a Difference」の「M」をモチーフにした。
　羽入は、最後に語った。「これからも、多様な個性が生かせる大学でありたい。『みがかずば』の先にあるのは、自分自身と、そして身近なところから社会までも変えていく『Make a Difference』の実践です。常に問題意識をもち、自ら積極的に周囲に働きかけ社会に変革をもたらす、新しい時代のリーダーに育ってほしい。リーダーになるのは、決して難しいことではありません。問題意識を持ちながら自分本来の能力を見出し磨くことによって、誰もがリーダー的役割を果たせるようになれると思います」お茶の水女子大学は女子大の強みを生かした改革で女子大のリーダーを目指す。

Information

ホームページ	http://www.ocha.ac.jp/
研究情報	研究者情報　http://researchers.ao.ocha.ac.jp/ 研究紹介検索　https://www.ics-com.biz/ocha_research/researches/
産学連携情報	研究推進・社会連携室 http://www.ocha.ac.jp/research/index.html
キャンパス情報	http://www.ocha.ac.jp/access/index.html

自分を超える力をつける
金沢星稜大学

2012年度　新キャンパス「メディアライブラリー」「キャリアデザイン館」を新設

【大学データ】
◎学長：坂野光俊
◎住所：〒920-8620
　石川県金沢市御所町丑10-1
◎電話：076-253-3924〈代表〉
◎設立：1967年金沢経済大学設置、
　2002年金沢星稜大学に改称
◎学生：2,160名
◎教員：64名

◎学費：
　入学金 120,000円
　授業料
　[経済学部]
　960,000円（年間、教育充実費含む）
　2年次以降 960,000円（年間）
　[人間科学部]
　1,050,000円（年間、教育充実費含む）
　2年次以降 1,050,000円（年間）
◎学部：
　[経済学部]
　　経済学科
　　経営学科
　[人間科学部]
　　スポーツ学科
　　こども学科

【大学情報】

入学・修学

就職意識スイッチをオンにする「就職合宿クルーズ ほし☆たび」。クルーは、就活を控えた学生たちと、アドバイザー役に就活を終えた4年次の学生たち。2泊3日の船旅は劇的な成長を促す。

外部連携

学内外における地域連携活動を一元的に集約し、これまで培ってきた教育研究活動と社会活動を通して地域への貢献を推進するため、2012年4月1日、「地域連携センター」を開設。穴水町に開設した「地域連携・交流センターかぶと」を拠点とした総合型地域連携推進事業や公開講座、フォーラムなどを実施。また、企業との連携として、「金沢信用金庫寄付講座」を開催している。

主な就職先（過去2年間）

東京海上日動火災保険㈱／北陸銀行／㈱北國銀行／みずほ証券㈱／㈱上組／住友林業㈱／日成ビルド工業㈱／㈱アイ・オー・データ機器／コマニー㈱／大正製薬㈱／大同工業㈱／アークランドサカモト㈱／㈱あらた／アルビス㈱／㈱クスリのアオキ／㈱コメリ／㈱スズケン／日本マクドナルド㈱／国家公務員14名／地方公務員33名／小学校教員13名　他

Philosophy

(2010年11月17日)

地域とともに、地域に還元
独自のCDPで合格アップ　学生、保護者、大学が一体

　元巨人軍の松井秀喜やサッカーの本田圭佑ら星稜高校OBの話題には「大学とは直接関係ないので……」とそれ以上に話は進まなかった。この大学としての矜恃に好感が持てた。金沢星稜大学(坂野光俊学長)は3つの特長を自負し実践する。就職に強い、資格取得に有利、充実した奨学金制度。保護者のための就職ガイダンスを行い、学生・保護者・大学が一体となって活動する就職力は定評がある。難関試験の合格をサポートする「CDP(キャリア・ディベロップメント・プログラム)」によって公務員採用で実績を示す。「学生の持っている潜在能力や"やる気"を伸ばし、社会に役立つ実力を身につけさせよう」と教職員や先輩が学生の背中を押す。公務員の就職に強い大学の歩みと改革、これからを学長に尋ねた。

公務員採用に強い就職力

　金沢星稜大学は1967年、金沢経済大学(経済学部経済学科)として設立。73年、経済学部に商学科増設。2000年、経済学部にビジネスコミュニケーション学科(BC)増設。02年、大学名を金沢星稜大学に変更した。

　2004年、経済学部に現代マネジメント学科を増設。07年、人間科学部(スポーツ学科、こども学科)を開設、ビジネスコミュニケーション学科を廃止。10年には経済学部現代マネジメント学科を経済学部経営学科に名称変更した。

　現在、経済学部、人間科学部の2学部4学科に約2,200人の学生が学ぶ。高校野球、サッカーの強豪校として全国に知られる星稜高等学校は系属校。

　坂野が大学を語る。「大学生活とは青年期にある若者が自らの人間的基礎をつくり上げる過程です。その過程をサポートすることを大学の最も重要な使命と捉えています。『誠実な人間』を目指して人間性・社会性を磨き、『社会に役立つ人材』を目指して分析力・総合力・実践力を鍛錬しています」

わかりやすくいうと？「国立の金沢大学が研究重視の教育大学であれば、うちは自立した社会人養成の教育大学です。もちろん、調査・研究力も求められます。卒業生を地元に送り出すのですから地元の課題に応えられる調査・研究力を身につけるよう指導しています」

坂野光俊　学長

正課授業のほかに、学生の将来の進路を切り拓く準備として、多様な資格取得・就職支援のための講座等を用意している。難関試験の合格をサポートする「CDP」について、坂野が説明する。

「難関試験の公務員や税理士試験への合格のために設定された本学独自のコースです。プログラムの一部を正規のカリキュラムに取り込んでいるため、『大学の単位取得』と『合格に向けた専門的な学習』を両立させています」

CDPには、公務員試験合格に向けた『公務員コース』、小学校教員採用試験合格に向けた『教員コース(小学校)』、税理士試験合格に向けた『税理士コース』、金融・販売・営業などの業界や職種を目指しキャリアアップを図る『総合コース』がある。また、2013年度から中高保健体育教員を目指す『教員コース(保健体育)』を開講。各コースとも1年次から早期学習を行っている。

小学校教員コースの場合、1年次に一般教養科目基礎講座、2年次に教職教養科目基礎講座、3年次に教職専門科目基礎講座、4年次前期に総合対策講座、4年次後期に教員試験が履修モデル。「受験予備校から講師を招くほか、県教委指導主事の経験を持つ教員が徹底指導しています」という。

就職活動には、保護者の理解が絶対に不可欠。『保護者のための就職ガイダンス』を開催している。過保護では？

「保護者が持つ就職情報は自身の経験をもとにしたものが多く、現実からかけ離れ、子どもをずれた方向に導いてしまうケースがあります。保護者向けガイダンスは大都市の大規模校でなく、地方の小さな大学だからこそ可能です」

就活クルーズを実施

就職には、保護者だけでなく大学の先輩も手助けしている。2010年夏、「就活クルーズ」を実施した。2泊3日で客船に乗っての就職活動合宿。2、3年生33人が参加、名古屋から北海道まで移動しながら研修した。

「就活クルーズには、すでに内定している4年生も乗船、後輩に自身の就職活動で得たノウハウを伝授していました。このように、本人・保護者・先輩が三位一体になってサポートしていきます」

「高い就職内定率には、教職員の力も貢献している」と付け加えた。「大学での教育は、学生が自主的に思考力・行動力・決断力を身につけることを教職員がサポートすることと捉えています。高い教育力をもつ教員が熱心に面倒見よく教育し、事務職員も学生に力をつけさせるのが仕事と考え、頑張っています」

いつ頃から就職に力を入れたのだろうか。2005年に大幅なカリキュラム改革を行い、CDPを導入した。このCDP1期生が卒業した09年3月の卒業生の就職内定率は99.2％と急上昇した。CDP導入の効果が数字で示された。これが大学のブランドアップにもつながった。

坂野が説明する。「2009年から志願者が増えました。いわゆる進学校からの受験生も来るなど高校からの評価も上がってきました。10年の入学者の半分がCDPに入っています。これからも質を維持しながら数を安定させていきたい」

奨学金制度も充実

充実した奨学金制度とは？「センター利用海外短期留学特待生入試の合格者は、1年次の夏にオーストラリアへ短期留学。現地授業料と渡航費相当額を奨学金として給付します。2年次の6月にIELTSを受験し、基準点をクリアした学生は、カナダへ8か月の長期派遣留学ができ、これも同様の給付をします」

地域とは密接である。「人類普遍の課題に立ち向かうとともに、地域社会固有の現実的課題の解決に努め、『地域とともに歩む大学』として、着実な研究成果を地域社会に還元する」(大学憲章)とあるように、それを実践している。

学生の出身地は石川県が7割、残りは福井、富山、新潟。就職先も石川県内が6割を占める。「入るのも出て就職するのも地元。地域社会での現実的な課題に応えて問題を発見し解決する『地域の頭脳』でありたいと努力しています」
　スポーツや学芸等のサークル活動も活発。「大学の主人公は学生。オープンキャンパスも6年前は教員中心でしたが、いまは学生中心です。いい大学にしたいという熱気が伝わってきます。卒業してからも手伝いに来るOBもいます」

本業で勝負の段階

　坂野が最後に語った。「大学での勉学・研究は、正解が必ず1つあるような問題に対処するだけでなく、複数の解答があったり、正解が不明であるような問題にも挑むことが必要になります。中央は縦割りですが、地方は総合行政になっています。これは大学でも言えることで、地域性と総合性を持った学生をこれからも育てていきたい」
　地域にこだわる学長は「やっと、本業で勝負する段階にきた」とちょっぴり自信をのぞかせた。

Information

ホームページ	http://www.seiryo-u.ac.jp/
研究者情報	http://kgap.seiryo-u.ac.jp/kghp/
産学連携情報、研究情報	http://www.seiryo-u.ac.jp/research/
キャンパス情報	http://www.seiryo-u.ac.jp/campuslife/

column 教育格差を撃つ東京大学教授

小林　雅之さん

（2010年5月26日）

■新しい支援制度を創れ
　教育機会均等の政策を

　近頃の草食系の学生は怒りを忘れてしまったのか。「金持ちでないと東大には入れない」、「大学生の奨学金受給者が4割を超す」、「仕送りゼロの大学生が1割突破」……ひと昔前なら学生によるデモやスト騒ぎが起きてもおかしくない。高等教育に対する格差がはびこる状況に「異議申し立て」するアカデミズムの代表格が小林さん。新聞の取材に応え、「家計所得に応じた奨学金の給付で『逆配分』の解消を」と主張した記事には「金持ち東大生の授業料を上げよ」の見出しが躍った。自著では、「大学教育は持ち家に次ぐ人生で2番目に高い買い物」といった巧みな比喩で「高等教育機会の費用の差が、進路選択に大きな影響を与えている」と警鐘を鳴らす。弱い立場にある大学生に新しい支援制度を提唱する。この人は怒っている。

　この企画は、大学に元気を与えよう、というねらいもある。最近、大学をめぐる話題は明るいものが少ない。企画の第1号には旬のテーマ、教育格差に取り組む小林さんを選んだ。ねらいを伝えると、「私でよかったら、喜んで」と快諾。

　この義侠心にグラッときた。それはそうだ。清水次郎長を生んだ静岡県清水市の生まれ。小さい頃は、読書好きでジャーナリスト志望。高校は理数系で、東大理Ⅱに進む。ところが、文転（文系に転向）して教育研究の道に進んだ。

　文転の理由は「理Ⅱは、遺伝子研究など夢があると思ったが、数学数式ばかりで、ちょっと違うと思った。1年の終わりに、人間相手にしたほうがいい、と転部を決め教育学部へ進みました」

　こう付け加えた。「いまの研究には統計数字が必要ですが、これが苦にならない。理系をかじったことは役立っている」

　奨学金の研究を始めたのは、自身が3つの奨学金をもらって大学・大学院を卒業したという体験も影響している。

column

　この話から聞いた。朝日新聞のインタビュー記事（2009年10月3日）で、金持ち東大生の授業料を上げよ、という見出しには驚きました。当の東大の先生が言っているのですから。

　「インパクトはあったが、中身を読んだ人はいいが、（見出しは）ちょっと誤解を与えたかもしれない。ネット等では話題になったようだ。あそこで、言っているのは、お金持ち（の授業料）は上げて、そうでない人は下げるべきということ」

　昨今の大学を巡る新聞などの記事は、小林さんの食指が動く材料が氾濫する。そうした情報を前に、小林さんに思いのたけを語ってもらった。

　OECDの報告（2006年）では、高等教育への公的支出は0.5％と加盟国中最低、逆に家計負担は51.4％と突出して大きい。

　「日本、韓国、中国などは、子どもの教育は親が負担するという意識が強い。儒教文化の影響かもしれない。厳しい経済情勢で家計が悪化する世帯が増え、教育費の負担感は増した。教育費支援の面から奨学金の拡充などが急務だ」

　東大の05年度からの調査では、年収200万円未満の家庭の高校生の大学進学率は28％、一方で1,200万円以上の家庭では63％だった。

　「親の年収が進学率を左右するのが確認された。家計の経済力が進学を規定するようになれば親世代の高所得層→子世代の高学歴→子世代の高所得層という、教育による社会階層の再生産構造が強化される懸念がある」

　日本学生支援機構によると、2010年度に同機構や大学などの奨学金を受給した大学生は50.7％と10年間で約30％増え過去最高。

　「不況の影響で、親の収入が減ったのが要因とみられる。日本には貸与奨学金しかない。大学卒業後、数百万円の借金を背負って進学するのはきつい。アメリカ、イギリス、中国などでは卒業後、警察官、消防士、教師などの仕事を10年なり務めれば返還免除の制度がある。日本にもあったが大学院の一部を除き廃止に」

　全国大学生協連合会の2012年の調査では、自宅外から通う大学生の仕送り額は月69,610円と6年連続で下がった。仕送りゼロも10.0％と4年連続で1割を突破した。

　このように、深刻な格差が起きている現実。教育費の負担は、公から私へ、

親から子へとシフトする流れ。小林さんが提唱するのは、貸与奨学金に変わる財政負担が少なく、ローン負担も比較的少ない所得連動型ローンである。

「オーストラリアで初めて導入された制度。在学中は授業料負担はないが、卒業後、所得に応じて一定の割合を返済する。継続的に所得を把握するなど課題もあるが、日本も具体的な検討に着手すべきだ」

大学進学費用や教育費負担、奨学金など教育支援策などをまとめた小林さんの著書『教育格差』(筑摩書房、2008年)は教育関係者にとって教育格差を知る「バイブル」に。

この本が面白く読めたのは、小林さんの秀逸な文章表現にある。冒頭の「人生で2番目に高い買い物」という表現のほか、「無理する家計」、「健気な親の消滅」……こうした言葉に引き付けられ読者は一気に読み進む。

「出版社の人から、わかりにくいところはわかりやすい表現でとか、数字が多いと嫌になるので読ませるには工夫が必要と言われたので……」とあっさり言う。この手法は、政治学者の丸山眞男東大教授と重なる。

丸山教授は、「タコ壺文化」や「ササラ文化」というネーミングや「通奏低音」、「引き下げデモクラシー」といった卓抜な表現でアカデミズムにジャーナリズム的文体を差込み、説得力を増した。これを言うと、首を振って小さく笑った。

話題を変えて、少子化や大学の定員割れ問題を聞いた。「同じ事態に見舞われたアメリカでは大学閉鎖もあったが、社会人入学で救った。日本は対応が遅い。定員割れの大学がある一方で、行きたくてもいけない大学がある。少人数教育の良さなど大学のメリットを見つけたり、日本人を留学させ、海外から留学生を呼ぶとか需給バランスを考える必要があるのではないか」

教育格差のあとのテーマは?と問うた。「いま問われている大学の質保証で大きい問題は大学の評価。評価制度が導入されたが「評価疲れ」が言われ有効性も問われている。この大学評価とともに、その一形態とみることができる大学ランキングの研究を深めていきたい。必ず大学の改善につながるはず」

この人の頭からは、高等教育のことが離れない。文転がいい方向にころがり、終生のテーマにつながった。清水次郎長ではないが、敵にすると怖いが、味方にすれば、こんな心強い先生はいない。

column

| こばやし | まさゆき | 1953年、静岡県清水市（現静岡市清水区）生まれ。東京大学教育学部卒業、東京大学大学院教育学研究科博士課程退学。広島修道大学助教授、放送大学助教授、東京大大学総合教育研究センター助教授を経て現職。専門は教育社会学で、各国の授業料・奨学金制度などを研究。『進学格差―深刻化する教育費負担』、『大学進学の機会―均等化政策の検証』（東京大学出版会、2009年）、『教育機会均等への挑戦』（編著　東信堂、12年）など著者は多数。 |

column 「生協の白石さん」いま店長で奮闘中

白石　昌則さん

(2010年6月23日)

■人との出会いを大切に

少子化は逆風　ニーズに応えシェア増へ

　「一朝目覚むれば、わが名天下に高し」。バイロンの恍惚と不安を味わったかもしれない。大学生協の職員として、いや大学人として、これほど有名になった人はいまい。アカデミアン・ドリーム。東京農工大学の生協職員のとき、組合員からの要望に対する回答を書いた「ひとことカード」のやり取りが学生のブログで紹介された。白石さんの真摯でウィット溢れる回答が話題となり、インターネットで学外にも知られ、書籍化され、大ベストセラーに。いまは、大学生協のない大学の学生や教職員が加入する生活協同組合東京インターカレッジコープの店長として奮闘中。学生時代のこと、大学生協に入ったわけ、いま気がかりなこと、いまの大学生は彼の目にどう映るのか。あの「生協の白石さん」の素顔に迫る。

　『生協の白石さん』(講談社)の出版は2005年。この年は小泉純一郎首相が「郵政解散」を行い、自民党が296議席と圧勝、民主党は大敗して岡田克也代表が辞任。小泉構造改革によって勝ち組・負け組が、様々な分野で言われた年でもあった。

　そんな格差が広がり出した時代、『生協の白石さん』は、学生のみならず多くの読者の共感を集め、93万部のベストセラー。自分の性格を「無駄に陽気」と分析。「高校のときは東大に行って弁護士になろうと思っていた。変な自信があったが、大学受験になって現実に気付きました」

　「ひとことカード」での学生の質問と白石さんの回答を紹介する。

　　学生　エロ本おいて下さい。

　　白石　ご要望ありがとうございます。大学生協は学生さんや教職員の方をはじめとした組合員の勉学研究支援及び生活支援に取り組んでおりますが、煩悩の分野は支援できません。あしからず。

column

学生　あなたを下さい。白石さん。

白石　私の家族にもこの話をしてみたのですが、「まだ譲ることはできない」とのことでした。言葉の端々に一抹の不安は感じさせるものの、まずは売られずにほっと胸をなで下ろした次第です。ということで諸事情ご理解の上、どうぞご容赦下さい。

「スポーツ系雑誌を置いて」、「チョコの種類を増やして」といった真面目派＝お店派が大半だが、自由投稿派＝非お店派も結構いる。学生の我儘とも思える質問にも真摯にユーモアを交えて答えてくれる頼もしい兄貴分。

学生の投稿を、どう思っていたのか。「悩みの相談もありますが、悩んでいたら投稿などしません。勉強や研究の息抜きに投稿したのでは……。私は抑制の効いた言葉の遊びに交ぜ合わせてもらった、という気持ちです」

こう続けた。「投稿内容に、なげかわしいとか学生の本分を忘れている、という意見も出ましたが、大学側も上司も、自分の裁量に任せてくれました、これもありがたかった」

当時の上司、小林亘氏の「発刊に寄せて」には、こうある。「(白石さんが学生に支持されたのは)どんな要望でも、無理だとあきらめず、実現させようという立場で回答したのと、他の職員では回答をよこさない意見や要望にも、ユーモアと絶妙な変化球を織り交ぜて回答する誠実な人柄」

どういうことから本に？「学生とのやりとりが農工大のサークルのサイトに載り、掲示板でも話題になり、学外にも知られるようになりました。講談社が取材に来て、それが記事になると、他の出版社からも出版の話が来ました。最初に話のあった講談社に頼むのが筋と決めました」

大ベストセラーになるとは？「出版のプロの感性で本にしてくれたので、成功するだろうとは思っていました。(93万部も売れるとは？)部数のほうはピンときません。でも、インターネットがなかったら、ここまで話題になったかどうか」

こう付け加えた。「信州大では寮生活でした。寮の掲示板に寮日誌を書いたりしましたが、せっかく書くなら楽しく読んでもらおうと思って書きました。こんどのこと(出版)も昔の寮の仲間は驚いていません」

講談社は因縁のある会社。「信州大時代の就活では、第1志望が講談社。残念

ながらマガジンハウスと出版社2連敗で、内定に残った会社の中から大学生協を選びました。まさか講談社と関わり合いができるなんて……」

有名になったことについては？「一過性のブームのようなものと思っていましたし、歩いていて、声をかけられたこともないし……。自分だけでなく、いろんな人が背中を押してくれたことに感謝しています」

この本のおかげで東京農工大は知名度、好感度を高めた。2005年10月、同大学から感謝状が贈られた。09年1月には、同大学の広報大使第1号に任命。その記者会見で非公開とされてきた素顔が公開された。

「サイン会も、テレビなどのインタビューも顔を出さないことを条件にした、なんて言われましたが、自分から（顔を）ひけらかすのも何だし、この話題が日増しに大きくなり、出るに出られなくなった、というのが正直な話です」

東京農工大勤務のあと、2008年11月から東京インカレコープ店長に異動。インカレコープは大学生協のない大学の学生や教職員が加入する生協。店での販売よりも、学生たちに訴求して組合員を増やす活動がメインだ。

大学生協の名を高めたことでの抜擢では？「それによってステップアップしたことはありません。店長になったのも、これぐらいの年齢になると、なるポストです」

いま、全国にある763大学の3割弱で展開する大学生協は岐路に立つ。04年の国立大学法人化で、普及率93％と強かった国立大学にコンビニなどが続々と出店、生協と競合。少子化は大学同様、生協にも逆風だ。

「入学から卒業まで、総合的にできるのは生協しかありません。それに、長年、学生のニーズに応えてきた歴史と信用があります。まだまだ利用結集率はあるし、伸びしろもある。サービスに力を入れて生協のシェアを高めていきたい」

2009年4月から12年4月まで放送されていた、NHKラジオの若者向け番組「渋マガZ」に、「こたえて！　生協の白石さん」というコーナーを持っていた。本に倣って、若者の質問に答える形式。いまの学生はどうですか？何か言いたいことがあれば？

「私の本の書評で、メソポタミア時代から"今の若者は……"と大人は嘆いていた、というのがありました。我々の時代と今の学生はそんなに変わっていない。自分を振り返ってみると、周りにいる人に恵まれていた。出会いを大切に

column

してほしい」

| しらいし | まさのり | 1969年、東京都昭島市生まれ。信州大学経済学部卒業後、94年4月、早稲田大学生活協同組合に入職。2004年12月に東京農工大生協に移籍して工学部店に勤務。05年春、組合員からの要望に対する回答を書いた「ひとことカード」がインターネットを中心に「生協の白石さん」として話題になり、書籍化された。08年11月から東京インターカレッジコープ渋谷店の店長として活躍中。|

column クロマグロ完全養殖で安定供給をねらう
熊井　英水さん

(2010年7月28日)

■近大マグロ　世界の海を泳ぐ！？
　海なし県に育つ　「夢は必ず実現できる」

　資源の枯渇が危惧されるクロマグロ。海のない県に生まれた人間が、このクロマグロの完全養殖を成し遂げたのは快挙であり、痛快なことだった。近畿大学水産研究所（和歌山県白浜町）元所長で、近畿大学理事・大学院農学研究科教授の熊井英水さん。いま、卵から成魚に育て国内で消費されるクロマグロを完全養殖で賄おう、というロマン溢れる夢と格闘中だ。大学教授というと、とっつきにくい雰囲気があるが、この人は気さくで、クロマグロ完全養殖の難しさ、数々の失敗、成功の歓喜をあけっぴろげに話した。少年時代の夢、ひょんなことから近畿大学に来たこと、研究と実践に費やした試行錯誤の30有余年。夢を追うことが少なくなった世の中、クロマグロ完全養殖に半生を賭けてきた「夢追い人」の熊井さん。この人の歩みには、社会が、そして大学が失いかけている何かがきっとあるはずだ。

　山々に囲まれた長野県塩尻市生まれ。「塩尻と松本の間の片丘村というところです。初めて海を見たのは、中学3年の修学旅行で京都・奈良に行ったとき、車窓から見た伊勢湾でした」

　高校は地元の名門、松本深志高校へ進む。「高校では生物部に入り、ミジンコの研究をしました。高校2年のとき、三重県・鳥羽に行き、初めて海水に触れ、舐めて『しょっぱいな』と感じた」。海にあこがれる、生物好きの少年だった。

　大学進学をめぐって父親と反目。「親父は、大学にはやれないと食いっぱぐれのない国鉄を勧めたが、自分は好きなことがしたかった。東京の大学でなく金のかからない地方の大学に行くからと説得、1回だけ受けてよい、となった」

　人の運命はわからない。「生物の顧問の先生が広島高師（現広島大学）出身で、広島大の水畜産学部（現生物生産学部）は新しくできた学部だから、お前でも受かる、と言われ受験、運よく合格しました」。大学でもプランクトンの研究を

column

行う。

　1958年に卒業したが就職難の時代。「三重県庁に合格したけど、『空きがない』と採用されず。履歴書を預けた学部長が新しく開設する近大農学部水産学科職員の就職口を見つけてくれて、運よく採用されました」

　ここで、運命の出会いをする。先代の近大水産研究所所長で、恩師となる原田輝雄さん。「魚を先生にせよ、が口癖で観察眼を学びました」。まずハマチの養殖に成功。「ヒラメ、イシダイと次々に養殖に成功。学会で発表したが、『あんなもん、学問ではない』と総スカンでした」

　異端扱いに対し見返してやろう、という反骨心がもたげた。マグロの養殖は研究者にとって夢だった。体長3mにも達する魚体が大回遊するクロマグロの養殖は様々な問題があった。近しい漁師から「絶対に無理だ」と言われた。

　1970年、水産庁の遠洋水産研究所が「マグロ類養殖技術開発企業化試験」という研究会をスタートさせた。この研究会に近大水産研究所も参加、近大のクロマグロ研究の嚆矢となった。

　クロマグロの幼魚「ヨコワ」を飼いつける研究から始めた。なぜ、「ヨコワ」と呼ぶのですか？「幼魚のマグロは断面をみると丸いんです。小さいときは体側に縞があるんです。それが、ちょうど横の輪が並んでいるように見えるので、ヨコワというんです」

　「ヨコワはデリケートで少しでも傷つくと死んでしまう。いけすで育てたんですが、光や音に敏感に反応してパニックを起こしたり、いけすの網に激突したり……。どうすれば死なないか、毎日そればかり考えていた」

　1974年、ヨコワの飼い付けに成功、5年経過した79年に世界で初めていけす中で飼育したクロマグロの産卵に成功。「卵は直径1mm、これを育てるのがまた大変でした」。孵化後47日目に全滅した。

　完全養殖の道は険しかった。いけすや餌などに改良を加える。「いけすの広さを倍以上にし、成長に応じて餌をプランクトンからイワシの稚魚、サバなどに変え、光に慣らさせるため夜間照明を設けるなどして問題点を克服していきました」

　1983年から11年間、産卵のない年が続いた。「暗黒の時代でした」。91年、原田所長が急逝、熊井さんが所長に。なぜ、産卵が止まったのか。「いけすのあ

column

るところは、海流が複雑で一日の中で水温が乱高下するのが原因らしい」とわかった。

　熊井さんは、あきらめない。1995、96年と産卵があった。この95年産が6尾、96年産が14尾の計20尾が生残し、2002年、これら6〜7才魚が産卵。「6月23日のことでした」、その日を忘れていない。

　「完全養殖」の成功、世界初の快挙、32年がかりだった。「前年（2001年）秋の台風で、いけすに濁水が押し寄せ、あわや全滅かと身の細る思いをしました」

　完全養殖成功の気持ちを改めて聞いた。「私学のありがたさ、近畿大学のよさを身を持って知りました」。感慨深げに語る。

　「初代総長の世耕弘一先生は、成果がでなくても研究予算を削らなかった。11年間も産卵がないとき、研究を止めようと思いましたが、『続けなさい』と言ってくれたのは2代総長の世耕政隆先生でした。国立大学だったら、研究期間は予算で打ち切られていた」

　2003年、養殖魚の販売を行う「㈱アーマリン近大」を設立、熊井さんは代表取締役になった。完全養殖に成功して成魚になったクロマグロを出荷したのは04年だった。地元の串本町で試食会を行い、大阪の百貨店に出荷した。

　「試食会の評判は上々でした。クロマグロを解体したんですが、赤味が10％、中トロが60％、大トロが30％。近大マグロは天然よりトロが多く、しかも安い、と好評でほっとしました」

　国内で供給されるクロマグロは年間43,000t、そのうち約4分の1を養殖物が占める。養殖物はヨコワを捕獲し、いけすで育てる。近大は、2009年度、国内の養殖向けヨコワの出荷量の1割に相当する約40,000匹を人工的に生産した。

　熊井さんが夢を語る。「これを10割にしたい。クロマグロの養殖生産を天然資源に頼らず、その全過程を人工的に生産する。うちだけではできないが、同系の研究所と一緒にやれば必ず実現する」

　夢は果てしない。「将来は、放流にも挑戦したい。海に放流して育ったマグロを捕獲することができれば、資源を確保しながら漁業ができる。もちろん、国内の供給量も確保できる。世界中の海を近大マグロが泳ぐ姿が見られる日も夢ではない」

column

　「海は諏訪湖の何倍あるのかな」と諏訪湖を見て育った少年は、半世紀経ったいま、世界の海をキャンバスに夢を描く。熊井さんが若者に呼びかける声が聞こえてきそうだ。
　「夢はいつか、きっとつかめる。ボーイズビーアンビシャス」

くまい	ひでみ	1935年、長野県塩尻市生まれ。58年、広島大学水畜産学部卒業後、近畿大学白浜臨海研究所（現・水産研究所）副手となる。以来、約半世紀にわたり、一貫して魚類の養殖にたずさわる。83年、同大教授。91年には同所長に就任。2002年には、研究チームのリーダーとして、難しいと思われていたクロマグロの完全養殖を成功に導いた。日本の水産学者、近畿大学大学院農学研究科教授。

関西国際大学

世界で学び　社会で活かす。

開放感溢れる緑豊かな三木キャンパス

◎学費：初年度納入金
　人間科学部・教育学部 1,429,000円
　保健医療学部 1,800,000円
◎学部：
　[人間科学部]
　　ビジネス行動学科
　　人間心理学科
　　経営学科
　[教育学部]
　　教育福祉学科
　　英語教育学科
　[保健医療学部]
　　看護学科

【大学データ】
◎学長：濱名篤
◎住所：〒673-0521
　兵庫県三木市志染町青山1-18
◎電話：0794-85-2288〈代表〉
◎設立：1998年
◎学生：1,816名　※2013年5月1日現在
◎教員：96名
◎職員：97名

【大学情報】

入学・修学

入学前には、新入生の初年次の適応促進を目的に、新入生を対象としたゼミナール入門などの入学前教育を実施。入学後は、グローバルに活躍できる人材を育てるために、海外インターンシップや地域参加プログラムなどのインパクトある体験学修への参加が求められる。就職支援においては、就職データベースを活用し、キャリアセンター職員と教員との協働による個別サポート支援体制が充実。

外部連携

2012年度文部科学省「大学間連携共同教育推進事業」において「主体的な学びのための教学マネジメントの構築」が採択。本連携取り組みでは、全学的にアクティブラーニング(能動的学修)及びインパクトのある教室外体験学修プログラムなど、学生が主体的に学ぶ教育方法、授業外学修時間を確保した授業デザインの向上に取り組んでいる。

主な就職先(過去2年間)

全日本空輸㈱/西日本旅客鉄道㈱/㈱エイチ・アイ・エス/セキスイハイム近畿㈱/三井住友銀行/但馬銀行/㈱セブン-イレブン・ジャパン/パナソニック㈱/㈱神戸ポートピアホテル　他

Philosophy

(2010年12月15日)
学ぶスキル、身につける
二重三重のサポート　入学前から授業体験

　各大学で初年次教育が花盛りである。高校とは異なり、大学では自主的な学習が求められる。入学直後にその移行がうまくいかずドロップアウトしていく学生が多い。初年次教育によって中退率の抑制や学生の質の維持向上につなげるのがねらい。これに先行して取り組むのが関西国際大学(濱名篤学長)。入学前に大学の授業を体験する「ウォーミングアップ学習」がある。入学時にノートの取り方や図書館の使い方から、インターネットによる情報収集の仕方、レポートの書き方を教える。学習支援センターを設け、進学・留学の相談から「授業内容がわからない。どうしたらいいか」といった悩みまで受けつけるなど幾重もの支援がある。これにより中退率が下がるなど成果をあげた。学長に、先進的な初年次教育のこれまでとこれからを中心に聞いた。

中退者減る　先進的な初年次教育

　「初年次教育ばかり注目されて……」と逡巡する学長に「明治神宮野球大会は惜しかったですね」から取材を始めた。2010年11月15日の同大会で関西国際大は東海大学に破れ準決勝進出ならず。同大野球部は阪神大学野球の強豪で、10年のパ・リーグ最優秀新人賞の榊原諒選手はOBである。

　関西国際大学(KUIS)は1950年、創立者の濱名ミサヲが「戦後の復興は教育、特に幼児教育にあり」との信念から「愛をもって学園となす」を建学の精神として開設した「愛の園幼稚園」(兵庫県尼崎市)が淵源である。

　1987年、三木市に関西女学院短期大学(経営学科)を、98年、関西国際大学(経営学部経営学科)を設立。2001年、人間科学部を開設。07年、教育学部を開設、09年に尼崎に新キャンパスを開設した。13年には保健医療学部を開設。現在、人間科学部と教育学部と保健医療学部の3学部に約1,800人の学生が学ぶ。

　学長の濱名が大学を語る。「研究より教育、すなわち入学してきてくれた学生

が成長を実感できる教育を目指しています。学生には、大学では『何を学ぶか』ではなく『何ができるようになるか』を考えるように常に言っています。そのための学びを保証することが大学の責務だと思います」

この濱名の言葉を具現化したのが1冊の本。『知へのステップ』(2002年)のタイトルで、リーディングの基本スキルの章では、文章の読み方の種類から、要約の仕方、レポートの書き方に至っては読点の打ち方まで解説してある。

初年次教育のバイブルとも言える『知へのステップ』。1998年の大学開学以来、上村和美教授を中心に学生の生の声を生かしながら授業実践を繰り返し、改良を加えた。現在、多くの大学でも初年次教育のテキストとして使われる。

「高校から大学への学びに円滑に移っていけるように、1年生には『知へのステップ』をテキストにした『学習技術』という科目を必修にしています。もちろん単位認定もします。そこできちんと大学で学ぶスキルを身につけてもらってから次のステップへ進んでもらっています」

同時に、卒業後の人生設計の「キャリアプランニング」で、「学習技術」をどう使って自分の目標を実現していくか、学生一人ひとりが考え、自身の目標をできるだけ明確にしていくよう指導。学生は、自己分析結果やレポートなど、自分の学習成果を収めた『ポートフォリオ』を作成する。

「ポートフォリオを4年間記録し続けることで、自己の目標管理や学習到達度がそのつど確認でき、自身の成長を具体的に実感し、目標達成へ向け意欲を高めてもらいます。2007年から『eポートフォリオ』を導入、より活用しやすくなりました」

「初年次サービスラーニング」も同大ならではの取り組み。地域貢献と重なる。市民としての責任に基づき地域社会の課題を解決すべく、社会貢献活動を通して体験と知識の「総合化」と「ふりかえり」によって学びを深める。

「教室の中だけで教員から一方的に知識を伝達されるのではなく学生自身が能動的に地域社会、そして世界に出て自らの経験と教室内での学びを統合して学習目標を達成していってほしい。この頂点にあるのがカンボジアで活動す

関西国際大学

る海外サービスラーニングです」
　サービスラーニングの活動記録や学習成果も「eポートフォリオ」に記録、コメントが付加され、学生に対する形成的評価が促進される。

濱名篤　学長

　同大の初年次教育の特長は二重三重のサポートがある点だ。開学時に設置した学習支援センターもそうだ。教員が交代で常駐、授業内容の質問から進学・留学の相談まで受け付け丁寧に指導している。
　2006年には、「KUIS学習ベンチマーク」という到達目標を定めた。卒業までの4年の間に、学生が成長した証しを身につけてから大学を巣立ってほしいという共通の到達目標である。
　学習奨励制度もユニークだ。同大は成績を総合的に判断でき、努力の成果が明確に表れる成績評価システムGPAを導入している。このGPAのレベルに応じた学習指導や成績優秀者の表彰などを行っている。
　さらに、マイレージを取り入れた「キャンパスマイレージ」。資格・検定取得をはじめ、クラブ活動やボランティア活動などの成果に対して、決められたポイントを与え、貯まったポイント別にアメリカやアジア圏への海外研修に参加できたり、電子辞書がもらえるなど、様々な特典と交換できる。
　「初年次教育で学生による支援があるのも、うちの特長です」と濱名。「学生メンター制度といって、選ばれた上級生(2〜3年生)が、新入生をサポートします。1年生を対象に教職員や新入生のサポートやキャリアプランニング等の運営準備・支援などを行っています」
　学生メンターになった先輩の学生は学びを深めることができると同時に、新入生も学生メンターを目指すという相乗効果が期待できる。
　2011年度から新「経営学科」を開設した。観光・ツーリズム、フードビジネス、ブライダル、地域マネジメント、スポーツビジネスの5コース。「ビジネススクールに近い発想で、インターンシップを重視、マネジメント能力を身につけるの

5号館（看護学実習棟）

がねらいです。これまで考えてきたことを凝縮した学科です」

　これからの展望を聞いた。「学生に自信とやる気をつけさせるため初年次教育に力点を置いてやってきました。中退者が減るなど一定の効果はあがっている。しかし、学習ベンチマークの達成者をもっと高めるなど改善すべきことは、まだある。改善しながら大学運営を進めていきたい」

　先進的な初年次教育を推し進めてきた先駆的な学長は妥協を許さず改善の要をしきりに説く。それが学長の目指す「小さな大学だが、わくわく・ドキドキできる大学」につながる。そのことが体験からわかっている。

Information

ホームページ	http://www.kuins.ac.jp/
研究情報	教育学部教育福祉学科　http://www.kuins.ac.jp/kuinsHP/faculty/welfare/teacher.html 教育学部英語教育学科　http://www.kuins.ac.jp/kuinsHP/faculty/english/teacher.html 人間科学部経営学科　http://www.kuins.ac.jp/kuinsHP/faculty/management/teacher.html 人間科学部人間心理学科　http://www.kuins.ac.jp/kuinsHP/faculty/psychology/teacher.html 教育総合研究叢書 http://www.kuins.ac.jp/kuinsHP/facilities/institution.html#institution02 コミュニケーション研究叢書
産学連携情報	大学間連携共同教育推進事業「主体的な学びのための教学マネジメントの構築」 http://www.kuins.ac.jp/kuinsHP/extension/renkei2013/index.html
キャンパス情報	人間科学部経営学科ブログ　http://blog.canpan.info/kuis/ 人間科学部人間心理学科ブログ　http://blog.canpan.info/hpsy-kuis/

世界とつながる

京都外国語大学

キャンパス正面

【大学データ】
◎学長：松田武
◎住所：〒615-8558
　京都府京都市右京区西院笠目町6
◎電話：075-322-6012
◎設立：1947年
◎学生：大学4,541名 留学生別科74名
　（交換留学生含む）※2013年5月1日現在
◎教員：127名

◎職員：101名
◎学費：
　入学金250,000円（入学手続時のみ）
　授業料765,000円
　教育充実費405,000円
　計1,420,000円
◎学部：
　[外国語学部]
　　英米語学科
　　スペイン語学科
　　フランス語学科
　　ドイツ語学科
　　ブラジルポルトガル語学科
　　中国語学科
　　日本語学科
　　イタリア語学科
　　国際教養学科
　[留学生別科]

【大学情報】

入学・修学

求める学生像は、①言語を通して世界の平和に貢献しようとする人、②実践的な外国語運用力の修得に意欲を持っている人、③自国を含め諸外国の文化に興味や関心を持っている人、④外国語を学ぶ上での適性と基礎学力を有する人である。入学後は、「国際社会の平和に貢献し、次世代を担うことのできる『人間力』豊かなリーダー」を養成するためのカリキュラムを履修する。

外部連携

「エアラインスタディプログラム」「ツーリズムスタディプログラム」など航空業界や旅行、ホテル業界への就職を目指す学生を対象に、企業と連携したエクステンション講座を開講している。他にも、京都という地の利を生かした地域連携の講座も多数設けている。

主な就職先（過去2年間）

㈱帝国ホテル／京都ブライトンホテル㈱／㈱ジェイアール西日本ホテル開発／㈱帝国ホテル／㈱毎日放送／㈱オンワード樫山／㈱三越伊勢丹／㈱セブン-イレブン・ジャパン／㈱ワコール／住友金属工業㈱／日立建機㈱／トヨタ自動車㈱／㈱タカラトミー／全日本空輸㈱　他

Philosophy

（2010年11月24日）
学園の国際化を推進
キャンパスに特別区を　英語しか使えないゾーン

　卒業生の赤染晶子の芥川賞受賞を心から喜んでいるが、大学のPRに利用しない姿勢が清楚である。京都外国語大学（松田武学長）はグローバルに考え、語れる人材を育成する語学系大学のパイオニアとしての自負と確信がある。私立の外大としては国内最多の学科数（8言語＋国際教養）を有する。「言語を通して世界の平和を」という建学の精神、「社会とともにある総合学園」という創立者の思いは時代や世代を超えて変わらない。バイリンガル、トライリンガル、マルチリンガルが目指せる学びのシステム。国際交流協定校は海外22か国67大学、派遣留学や海外セミナーなど多彩な留学制度を用意、これらをきめ細かな少人数教育が支える。これまでの大学の歩みと、グローバル化が進む中、語学系大学はどう対応していくのか、を学長に聞いた。

きめ細かな少人数教育　言語通して世界平和

　京都外国語大学は、1947年創立の京都外国語学校が前身。50年、京都外国語短期大学を設置。59年、京都外国語大学（外国語学部英米語学科）を開設。63年のイスパニア語学科を皮切りに学科を増やした。66年、フランス語学科、67年、ドイツ語学科、ブラジルポルトガル語学科を開設、74年、中国語学科、92年、日本語学科、2004年、イタリア語学科を開設。07年にイスパニア語学科をスペイン語学科に名称を変えた。10年、国際教養学科を開設した。

　松田が大学を語る。「建学の精神に沿って多様化する国際社会で真の世界平和に貢献できる人材を育成してきました。グローバル化の進む中、高度な外国語の運用能力はもちろん、国際情勢その背景にある歴史や文化などを捉える幅広い教養と、外国の人たちと対話し協働して問題解決する能力を育成しています」

　世界平和を掲げる建学の精神については「世界平和は身近なところにありま

す。自分自身が平和になることは他人と折り合いをつける術を身につけること。他人を変えたいと思うなら、まず自分が変わること。それが平和につながる第一歩だと思います」と補足した。

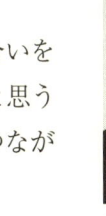

松田武　学長

松田は大阪外語大(大阪大学と統合)出身で、2010年4月に京都外語大に教授として迎えられ、8月に学長に就任。専門はアメリカ外交史で、学長室のデスクには大きな地球儀がある。「地図帳でなく地球儀を見ながら、教育研究も学校運営も考えています」

松田が学生を語る。「先生に対して丁寧で、もっと育ててあげたい、もっと教えてあげたいという気にさせる学生が多い。熱心で前向きなので、悪い面は問題にしないで、いいところを発見して伸ばすようにしています。つねに原石を探し、誉めて育てています」

グローバル化の時代、語学系大学の対応を聞いた。松田は「現在、私たちは『フラット・ワールド』の時代に生きています。『フラット・ワールド』とは、インターネット上に必要な情報がすべての人に公平に存在するスペースであり、その気さえあれば、いつでもだれでもが必要な情報を手に入れることのできる世界です」と続けた。

学生の就業力強化

「このフラット・ワールドの時代に、いかにして学生の心に火をつけ、学習意欲を高めるか。その鍵は学生との信頼関係に根ざした教員一人ひとりの手腕にあります。同時に、学習意欲が学生の心の中から自然と湧き上がってくるキャンパスライフもその重要な鍵だと思います」

具体的な大学運営について聞いた。①学園の国際化の推進、②学生の就業力強化、③京都という地の利を生かした地域連携、の3つをあげた。

国際化の推進について。「日頃のキャンパスライフを通して外国体験できるようにしたい。キャンパス内に特別区を設けて、そのゾーンは英語しか使えないようにするとか、タイムゾーンをつくり、ある時間帯は英語しか話せないよう

にするとか、いろいろ考えていきたいと思っています」

なぜ、そこまでやるのですか?「外国語運用能力が身につくと、その言語で自分の意見を外国人に伝えたいという知的欲求が湧きます。さらに、その国に行って自分の力を試したいという欲求が起こる。そうした学生を育てたいからです」

就業力について。「学生一人ひとりが自ら希望する仕事に就職でき、卒業後、充実した人生が送れるように、これまで以上に学生諸君を支援していきたいと考えています」

2010年9月、文科省の「大学生の就業力育成支援事業」に同大の「異文化間就業力の育成」が優れた取り組みとして選定された。松田が説明する。

「日本の企業が国際競争の場で打ち勝つためには多様性を取り込み、日本の高度な技術力やサービスを活かさなければなりません。海外でのフィールドワークに重点を置き、異文化環境の中で多様な人間と協働しながら自らの異文化間就業力を養い、さらに人的ネットワークを構築することで就業力を強化していくという仕組みです」

京都らしい地域連携

京都という地の利を生かした地域連携について。京都にある外国語大学ならではのサークルの一つが「フリーガイドクラブ」。

「金閣寺や平安神宮などの4社寺を訪れる外国人観光客を無料で、またはボランティアで英語でガイドしています。様々な学科の学生が所属し、社寺の情報だけでなく日本の歴史や文化への理解を深めながら、実践的な英語力やコミュニケーション力を磨いています」

ところで、作家の赤染晶子は、京都外国語大学外国語学部ドイツ語学科卒業、北海道大学大学院文学研究科ドイツ文学専攻博士課程中退。2010年、「乙女の密告」で第143回芥川賞受賞。

「京都外国語大での先生との交流で文学の才能が刺激されたと思っています。在学生にチャレンジ精神を呼び起こしてくれてうれしい。同時に、若者には多

様な才能、能力があり、これを開発していく必要があると思いました」

楽天やユニクロといった企業が「社内公用語を英語にする」と発表したことが話題になった。これについて尋ねると、「語学力重視は語学系大学としてはありがたいが、大切な点は外国語を話せることでなく中身の問題、何を話すかが重要です」ときっぱり。

同じ口ぶりで、松田は大学のこれからについて、「今後、本学をさらに躍進させるためには、京都外国語大は他の大学とひと味もふた味も違う、といった特色ある大学を目指したい」と続けた。

「日本にいながら世界の言語と文化を学び、日常のキャンパス生活を通して外国が経験できる大学という環境をつくっていきたい。教育では、日本のソフト・パワーの一翼を担う京都外国語大ブランドの人材の育成です。高度な外国語を身につけ、異文化を理解し、外国人とコミュニケーションでき、共生し、共働する学生を育てたいと思っています」

学長に就任してまもない松田は大学のビジョンを何度も同じ言葉で語るなど情熱的で、その夢の実現にも意欲満々だった。

Information

ホームページ	http://www.kufs.ac.jp/
広報誌	学内広報誌：キャンパスリポート（年5回発行） 学園広報誌：LOGOS（年2回発行）
研究情報	アカデミックレポート（年度毎）、研究論叢、COSMICA、いえらっく、紀要
図書館情報	GAIDAI BIBLIOTHECA（年4回発行）

自由、自主、自律の精神を以て良識ある音楽家、教育者を育成し、日本および世界の文化の発展に寄与する。

国立音楽大学

108のレッスン室、12のアンサンブル室、オーケストラ・オペラ・合唱の各スタジオを備える新1号館

◎学費：
　入学金 50,000円
　授業料 1,250,000円
　その他 819,000円
◎学部：
　[音楽学部]
　　演奏学科
　　音楽文化デザイン学科
　　音楽教育学科

【大学データ】
◎学長：庄野進
◎住所：〒190-8520
　東京都立川市柏町5-5-1
◎電話：042-536-0321〈大代表〉
◎設立：1950年
◎学生：大学1,827名、別科7名
◎教員：大学434名、別科5名
◎職員：88名

【大学情報】

入学・修学

音楽学部では一般入試、指定校推薦入試、一般公募推薦入試、特別給費奨学生入試を実施。入学後はキャリアカウンセラー及び学生支援課職員による個別相談を実施し、一人ひとりへのきめ細かな対応をしている。また、学生の多様な進路希望に応えるために、年間を通して多数の説明会や実践講座、模擬試験を実施。

外部連携

2008年に立川市と地域の芸術・文化・教育を発展させるための協定を締結し、毎年提携コンサートや本学教員による公開講座等を実施している。また11年度は読売新聞立川支局との共催にて連続市民講座を開催する等、地域貢献事業に積極的に取り組んでいる。

主な就職先（過去2年間）

東京都交響楽団／群馬交響楽団／広島交響楽団／ヤマハ音楽振興会／㈱河合楽器製作所／島村楽器㈱／四季㈱（劇団四季）／自衛隊音楽隊／㈱日音／エイベックス・グループ・ホールディングス㈱／日本航空㈱／㈱エイチ・アイ・エス／㈱ディー・エヌ・エー／三井住友海上火災保険㈱／㈱ゆうちょ銀行／公立私立学校・私立幼稚園多数　他

Philosophy

国立音楽大学

(2011年9月14日)
2011年春、ジャズ専修を開設
新校舎も使用開始　音楽文化の向上に足跡

　私立では日本初の音楽の高等教育機関。国立音楽大学(庄野進学長)は、1926年創立の東京高等音楽学院がルーツで、以来80有余年、わが国の音楽界や音楽教育界に数多くの人材を送り出してきた。著名な音楽家も多い。卒業生は演奏者あるいは教育者、またビジネスパーソンとして、日本の音楽文化向上に大きな役割を果たしている。大学の基本的理念は、「自由、自主、自律の精神を以て良識ある音楽家、教育者を育成し、日本および世界の文化の発展に寄与する」。2011年4月、音楽学部演奏学科にジャズ専修が誕生。同年9月からレッスン室、アンサンブル室、演奏スタジオを備えた新校舎(新1号館)が使用開始された。音楽大学として、「何よりも音楽を愛し、音楽へのこだわりと夢を信じ、自らの信念を貫き通す人々の学舎であること」を目指す。国立音大の歴史とこれからの歩み、音大の就職状況などを学長に聞いた。

就職支援にも特色　音楽通じた能力生かす

　大学名は、1970年代まで国立市にキャンパスがあったことに由来する。「こくりつおんだい」と呼ぶ人もいるそうだが、正しくは「くにたち」である。1978年、現在の立川市に移転した。キャンパスは、西武線・多摩都市モノレールの玉川上水駅下車、徒歩8分。キャンパス内にある2つの学生食堂や喫茶室、ロビーは憩いの場。2,000人の学生が学ぶ。図書館は、蔵書数約14万冊のほか、楽譜約13万冊、レコード、CDなどAV関係資料が約8万点。

　学長の庄野が国立音楽大学を語る。「豊かな音楽性を持ち、確実な技術や専門知識を備えた良識ある音楽家、教育家や、幅広い分野において音楽文化を支えることのできる人材を育ててきたという自負はあります」

　どんな学生に来てほしいか？「高い目標を持ち、自らの能力を常に高め、新たな可能性に積極的に挑み、専攻の基礎能力をしっかりと身につけ、意欲的

に勉強に取り組む学生です」

　国立音大は、1926年、東京・四谷に東京高等音楽学院として開校。その後、国立市に移転。47年、国立音楽学校と校名を改称。50年、新制大学の国立音楽大学として発足した。

　1928年、声楽専攻の学生が新交響楽団(現NHK交響楽団)と共演、ベートーヴェンの『交響曲第9番』に合唱として出演した。「毎年12月に開かれるNHK交響楽団の第9コンサートには、声楽専攻の学生が出演しています」

　2004年、従来の7学科を演奏、音楽文化デザイン、音楽教育の3学科に再編する改革を行った。「学生の質を重視するため定員を削減して競争倍率を確保、教えたい学生を集めるのがねらいでした」

　演奏学科は声楽専修、鍵盤楽器専修、弦管打楽器専修。音楽文化デザイン学科は、音楽創作専修、音楽研究専修、音楽療法専修。音楽教育学科は、音楽教育専攻、幼児教育専攻とした。別科として調律専修がある。

　同時に、カリキュラム改革を実施した。「初年次教育として基礎ゼミを設けました。1・2年次の基礎課程で、音楽の基礎能力と基礎知識を鍛えます。3・4年次の専門課程で、卒業後の進路を視野に入れた多様な目標に応じた教育を推進、"学びのスタイル"をカスタムメイドできます」

　2011年4月に誕生したジャズ専修。「音楽はジャンルを超えて常に進化しています。社会的意味のある新しい領域を開拓しようと、クオリティーの高いジャズ教育は意味あることだと設置しました」

　こう付け加えた。「どんなジャンルや形態の音楽をも理解し、演奏し、創造していくことのできる、大きな視野を持った学生を育てることが目的です」

　授業は、ジャズ専門実技、ジャズ史、即興演奏、専門楽器奏法が共通。ピアノ専攻ではピアノ・ボイシングス研究、ベース専攻ではベース・ライン研究など、各専攻楽器別クラスで専門技術を学ぶ。

　指導教員には、教授に小曽根真(ピアノ)、准教授に池田篤(サクソフォーン)、栗山和樹(作曲)。招聘教授には、山下洋輔(ピアノ)、渡辺貞夫(サクソフォーン)

国立音楽大学

といった著名な音楽家がいる。
「素晴らしい演奏家の講師が自分たちの習熟している知識や技術を学生に直接伝授します。海外の一流演奏家によるワークショップも計画。卒業と同時に世界の音楽家たちとコミュニケーションがとれる演奏家になることも全く夢ではありません」

庄野進　学長

ときに、ジャズ専修の招聘教授である山下は国立音大の卒業生。著名なOBには、作曲家では久石譲(招聘教授)、佐藤勝、神津善行、声楽家の佐藤しのぶ、錦織健、歌手の菅原洋一、秋川雅史らキラ星のごとくいる。

新校舎(新1号館)を見学した。地下1階、地上4階。レッスン室(108室)、アンサンブル室(小：4室、大：8室)、オペラスタジオ、合唱スタジオ、オーケストラスタジオとゴージャス。この校舎には圧倒された。

「音楽を極めるには、ソフトとハード両面で、優れた教育環境が必要です。音響の専門家とともにモデルルームを作り、実験を重ねたデータをもとに建設しました。これまでにない最高の音響環境(音響空間)ができたと誇っています」

地域貢献は、音大らしい。2011年は「音楽づくりの現場から『心に癒しを、社会に潤いを』」をテーマに、連続市民講座(読売新聞立川支局との共催)を開催。「講座講師は、すべて本学教授陣で、『どのようにしてコンサートができるのか』、『音楽は病を癒せるのか』などを講義しています」

「音大生は就職が難しいのでは……」といった声を耳にするが、卒業後の進路を尋ねた。「3万人を超える卒業生を社会に送り出してきました。教員として活躍する卒業・修了者が多く、2012年度公立学校教員採用候補者選考では現役、卒業生を含め全国で約30人が合格しています。幼稚園教諭でも、本学の特色ある教育内容や学生の優れた資質などが認められ求人数が希望者を大きく上回り、毎年、希望者全員が各地の幼稚園に就職しています。その他、音楽教室講師や自宅教師、調律師などで専門分野を活かして活躍しています」キャリア支援は、「入学時の基礎ゼミから始まり、3年生からのコース選択も視野に入

れ、卒業後を見据えながら学生が4年間の大学生活を自ら考え、歩んでゆけるような環境を整備しています」
　音大の卒業生の就職の難しさは？「『音楽』を追究する過程で技術や知識、教養とともに、継続力や人に物事を伝える、という社会人として必要とされる基礎的な能力を自然と身につけてゆきます。その『音楽』を通じて培った能力を進路選択に活かすよう指導しています」
　2010年度は、就職者のうち約3割が一般企業・団体に就業した。「音楽関係はもとより金融・保険業、不動産関連業、福祉・医療関連業、サービス業等の様々な分野で、音楽を通して身につけた専門性と多面的な思考を発揮しています」
　国立音大のこれからを聞いた。「本学は80年代から将来計画委員会を設けて以来、数々の教育改革に取り組んできました。学科の再編、ジャズ専修の開設、新校舎建設などがそうです。音大としての音楽の向上はもちろんですが、一般大学としてどうすべきかも、突き付けられています」
　庄野は、力強く結んだ。「自主的に改革してきた伝統を生かして、音楽大学として新たな領域がないかを見つけ、社会的な意義があれば、それにチャレンジしていきたい」。国立音楽大学は、これからも挑戦し続ける。

Information

ホームページ	http://www.kunitachi.ac.jp/
教員一覧	http://www.kunitachi.ac.jp/education/faculty/index.html
特色ある取り組み	http://www.kunitachi.ac.jp/introduction/feature/index.html
キャンパス情報	http://www.kunitachi.ac.jp/education/campuslife/index.html

技術の力で未来を切り拓く
工学院大学

工学院大学八王子キャンパス125周年記念総合教育棟

【大学データ】
- ◎学長：水野明哲
- ◎住所：〒163-8677
  東京都新宿区西新宿1-24-2
- ◎電話：03-3342-1211
- ◎設立：1887年
- ◎学生：6,043名
- ◎教員：227名
- ◎職員：152名

◎学費：1年生1,571,160円、2年生1,300,500円、3年生1,380,500円、4年生1,410,500円（工学部化学系学科は各学年＋10,000円、グローバルエンジニアリング学部は1～3年次＋95,000円、4年次＋75,000円）

◎学部：
[工学部第1部]機械工学科／機械システム工学科／応用化学科／環境エネルギー化学科／電気システム工学科／情報通信工学科
[建築学部]まちづくり学科／建築学科／建築デザイン学科
[情報学部]コンピュータ科学科／情報デザイン学科
[グローバルエンジニアリング学部]機械創造工学科
[工学部第2部]情報通信メディア工学科／建築学科

【大学情報】

入学・修学

工学の幅広い分野をカバーする4学部14学科で構成され、全国に16か所の地方入試会場を設けている。入学直後のオリエンテーションキャンプを通じて大学生活へのスムーズな移行を支援し、多彩な実験・実習科目によりエンジニアとして社会で活躍するための力を養い、強力な就職支援体制により高い進路決定率と就職満足度を保つ。

外部連携

防災や減災、社会貢献、ボランティアなどについて実践的力のある学生を養成するため、宮城県仙台市の東北福祉大学、兵庫県神戸市の神戸学院大学と連携し、3大学が同時に受講できる遠隔講義システムによる授業と、夏期・冬期休暇を利用して各大学で行われる集中講義方式の演習・実習科目を受講することにより「社会貢献活動支援士」の資格が得られる共同カリキュラムを編成し実施。

主な就職先（過去2年間）

いすゞ自動車㈱／㈱小松製作所／トヨタ自動車㈱／日産自動車㈱／東日本旅客鉄道㈱／東海旅客鉄道㈱／キユーピー㈱／東亜薬品㈱／㈱東芝／㈱関電工／㈱九電工／㈱中電工／ヤフー㈱／㈱セガ 他

87

Philosophy

(2011年3月9日)
日本初の建築学部設置
受験者は大幅アップ　125周年記念事業も進む

　新学部設置は「吉」と出たようだ。工学院大学（水野明哲学長）は2011年、建築学部を新設した。既存の工学部建築学科と建築都市デザイン学科を改組・再編し、まちづくり学科、建築学科、建築デザイン学科の3学科。建築学部設置は、日本国内の大学で初（近畿大学とともに）だった。11年の建築学部の受験者数は前年の建築学科と建築都市デザイン学科合計に比べ7割アップ、さらに、他の学部の受験者も前年比3割増という波及効果を生んだ。2012年には創立125周年を迎え、教育・研究の環境整備、学生・生徒の自主的活動支援、地域・社会貢献といった記念事業も進む。工学系総合大学として新しく生まれ変わろうとしているように映った。建築学部の設置、創立125周年、125周年以後のことなどを学長に尋ねた。

工手学校の伝統引継ぐ　幅広い社会貢献活動

　工学院大学の前身の「工手学校」は、1887年、帝国大学（現東京大学）初代総長の渡邊洪基を中心とする有志が設立。発起人は帝国大学工科大学の教授、助教授14人。設立時は、土木、機械、電工、造家（建築）、造船、採鉱、冶金、製造舎密（化学）の8学科。

　当時、政府の富国強兵政策のもと産業の近代化が進められた。しかし、近代産業を育成するための指導者を育てる高等教育機関は整備されていたが、近代化を達成するための中堅技術者が不足。これを受けて、設立された学校が工手学校だった。国木田独歩の『非凡なる凡人』で主人公が通う学校である。

　「教員の多くは、昼間、帝国大学で教鞭を取り、夜間に工手学校へ教えに来ていました。社会的に要求の強い、実践力のある技術者を育成しようという設立時の思想は今日まで脈々と引き継がれています」と学長の水野。

　新宿キャンパスの高層棟は地上29階、地下6階、高さ143ｍ。大学専用の

建物としては日本一の高層キャンパスである。現在、4学部、約6,000人の学生が在籍。情報学部以外の1、2年生は八王子キャンパスで、情報学部と全学部の3、4年生と2部の学生は新宿キャンパスで学ぶ。

水野明哲　学長

建築学部設置について水野が話す。「新制大学になって、機化電建(機械、化学、電気、建築)の4系列でやってきました。建築には2001年から学部化の動きがありました。09年5月に理事ら経営側と大学が一緒になったワーキングチームを設け検討して決めました」

設置のねらいは？「建築学部をつくることによって、これまで工学部の教育の中ではやや難しかった学問分野、例えば美学、社会学、心理学、法学、歴史学、地理学、福祉学といった新しい分野を幅広く取り入れることが容易になります。従来の固定的な建築の殻を破った学部です」

一番の特長は「本学の建築は、建築学科時代から多くのデザイン系の教員もおりユニークでした。建築は芸術、アート、マネジメント、歴史と幅広い。まちづくりからインテリアデザインまで学べるようにしました。ハードからソフトまで広がりのある学部です」という。

受験生が増えましたね？「建築学部の受験生の多寡は、本学の存亡に関わると全学挙げて後押ししました。広報宣伝でも建築学部を前面に出して、『ソフトからハードまで広がりのある新学部』とアピール。おかげさまで受験生らの反応はよく、他の学部まで波及しました」

建築学部に期待することは？「まちづくりを学ぶことによって、就職でも行政関係に行く道を広げました。それと、インテリアデザインなど女子学生が興味を持つ学科もあり、女子学生が増えることも期待しています」

このあと、水野は、こう切り出した。「2011年は、大学院工学研究科のシステムデザイン専攻もスタートさせました」

「工科系大学の学生は、専門には強いがマネジメント力がないと言われ続け

工学院大学新宿キャンパス高層棟
(地上29階、地下6階)

てきました。そこで、専門にプラスして経営、マネジメント、リーダーシップ、コミュニケーションを学びます」

定員20人と少数精鋭で、授業料も学部の3分の2と安いという。授業は平日の夜と土曜日にも行い、社会人も通えるように工夫した。「技術系の経営幹部、技術リーダー、技術力を基礎にした起業家を育成します」としっかりアピール。

こうした改革が行われる中、変わらないものがあるという。「それは、面倒見のよい大学ということです」と水野は、3つあげた。

父母の自主的な組織である大学後援会が60年前から全国で組織されている。「教員が学生の成績を解説するなど、その後の指導に役立てています。落ちこぼれそうな学生を救うことなどにつながっています」

2005年4月、学習支援センターを設立。「入学後基礎科目を個人レベルでサポート。数学、英語、物理、化学の基礎講座を開設、個別指導もあり、年間13,000件の相談があります」

就職活動に対する支援体制。「インターネットによる求人情報の配信やOBによる就職支援アドバイザー制度も独自のもの。さらに、10万人を超える卒業生が、強力なネットワークをつくって支援してくれています」

社会貢献活動も幅広い。「オープンカレッジや科学教育センターを設置し、社会人教育から小中学生、高校生の科学教育支援まで行う。教員の多くが政府や公共団体等の委員会で学識経験者として委員を務めています」

若者の理科離れにも力を貸す。「子どもの頃から理科に親しむのが大事。小学校では理科の実験ができない先生が多い。そこで、先生を集めて理科実験を教えています。125周年記念事業として、地方で、小・中、高校生を対象に『科学教室』も開催しています」

リケジョの問題(理系女子が少ない)は工学院大学も抱える。「2009年に応用化学科を改編、薬や食品を学ぶコースを設け、翌年から女子学生が増えました。

しかし、全体では2割弱とまだ少ない。建築学部には、その面も期待しています」
　創立125年を聞いた。「初代特選管理長の渡邊洪基は、いまでいう転職の達人でした。外務省で大使、都知事、帝大総長と素晴らしい経歴の持ち主。125周年を機会に学生に、大学の歴史、学祖のことをもっと教えていきたい」と述べ、こう続けた。
　「125周年を単なる祝典とは考えず、少子化、大学全入と厳しい外部環境の中、学園発展の基盤をさらに強固にするマイルストーンとして捉えています」
　水野は、最後に、力強くこう語った。「125周年の12年には、25年後を見据えた『ビジョン150』を打ち出しました。大学が生き残るため、もっと教育力を高める教育改革がメインになります。トップクラスの学生をさらに伸ばす施策なども考えています」。身ぶり手ぶりで話す水野は125周年の先を見ているようだった。

Information

ホームページ	http://www.kogakuin.ac.jp/
大学情報公表ページ	http://www.kogakuin.ac.jp/disclosure/
入試情報サイト	http://www.kogakuin.ac.jp/admissions/index.html
入学広報部の公式SNSサイト	http://www.kogakuin.ac.jp/admissions/event/sns/index.html
広報誌	学園広報誌「窓」 http://www.kogakuin.ac.jp/pr/mado/index.html

マネジメントの総合教育・研究機関

産業能率大学

プロ仕様の人工芝グラウンドが広がる湘南キャンパス

[湘南キャンパス] 0463-92-2211
[代官山キャンパス] 03-3476-3500
◎設立：1979年
◎学生：3,095名
◎教員：80名
◎職員：96名
◎学費：初年度納入金
　経営学部・情報マネジメント学部
　1,358,800円
◎学部：
　[経営学部]
　　現代ビジネス学科
　　マーケティング学科
　[情報マネジメント学部]
　　現代マネジメント学科

【大学データ】
◎学長：原田雅顕
◎住所：[自由が丘キャンパス]〒158-8630
　東京都世田谷区等々力6-39-15
　[湘南キャンパス]〒259-1197
　神奈川県伊勢原市上粕屋1573
　[代官山キャンパス]〒153-0042
　東京都目黒区青葉台1-4-4
◎電話：[自由が丘キャンパス] 03-3704-9955

【大学情報】

入学・修学

産業能率大学は、世の中で実際に役立つ能力を育成する実学教育を根幹とする。学問としての経営学の成果を踏まえつつ、現実のビジネス社会、特にマネジメントに関する現実の問題を学生自身で発見し、状況の変化に適応して問題解決できる能力の育成を重視している。

外部連携

Jリーグクラブ湘南ベルマーレと共同で開発した「スポーツビジネス実践講座」、コンテンツ業界の現場を体験する「コンテンツビジネス特論」、プロのアーティストが授業に協力し、コンサートのプロモーションなどを学生自らが体験する「アーティストプロモーション」、自由が丘の街を舞台に、学生がイベントの運営スタッフとして参加する「自由が丘イベントコラボレーション」など数多くのコラボレーションプログラムがある。

主な就職先（過去2年間）

㈱アイネット／青山商事㈱／岩谷産業㈱／近畿日本ツーリスト㈱／参天製薬㈱／住友生命保険（相）／住友林業㈱／第一生命保険㈱／東急リバブル㈱／ナカバヤシ㈱／日本電産コパル㈱／㈱日本旅行／㈱ノーリツ／横浜信用金庫／㈱ローソン　他

Philosophy

(2011年11月9日)
即戦力の人材を育成
納得のいく就職目指す　充実のカリキュラム

　即戦力となるプロフェッショナルな人材を育成してきた。産業能率大学(原田雅顕学長)は、マネジメント分野の教育・研究では80年以上の歴史を持ち、即戦力の人材を社会に送り出し、産業界の発展に貢献してきた。総合研究所で企業の人材育成を支援する一方、大学通信教育課程の学生数が多い大学としても知られる。大学の特長は、エンターテイメントやスポーツなど話題の業界の現場に触れたり、フィールドワークで観察・分析する「カリキュラム」や、グループワークなどを通じて1年次から"納得のいく就職"を目指す「就職力」だという。このところ、産業能率大学は盛んにマスコミに取り上げられている。大学広報の面からプラスだし、何より元気な大学であるのことの証左だ。学長に、独自のカリキュラムや就職力、これまでの学園の歩みとこれからを聞いた。

マスコミの取材相次ぐ　強い企業との関係

　産業能率大学は、創立者の上野陽一が1925年に創設した日本産業能率研究所が淵源だ。50年に産業能率短期大学、63年、通信教育課程を開設。産業能率大学は79年に日本で初めて経営情報学部をもつ大学として開学した。

　原田が創立者の上野を語る。「わが国における産業心理学のパイオニアであり、アメリカのマネジメントの思想と技術をいちはやく日本に導入。これを学問として究めたばかりではなく、自らも経営コンサルタントや講演や著作活動を通じて、教育界・産業界に多大な功績を残した実践者でした」

　続けた。「創立者は研究所で弟子を育てるのには限界があると学校教育で後進を育成することにしました。最初は短大でしたが、学生の多くは4年制大学を卒業した社会人で、彼らにマネジメントを実践指導しました」

　1989年、法人、大学、短期大学の名称をそれぞれ、㈻産能大学、産能大学、産能短期大学に改称した。「産業能率だと響きが硬いという意見もあって、『能力

を産み出す』という思いを込めて変えたようです」
　2000年、法人名を㈻産業能率大学に改称、経営学部を開設。06年、大学の名称を産業能率大学に戻す。「改称後にわかったことですが、産業能率という言葉が意外に浸透していました。創立の原点に戻ろう、ということになり戻しました」
　2007年には経営情報学部を情報マネジメント学部に改称した。「経営情報学部は、コンピュータが高度化・巨大化するのに合わせマネジメントも高度化するというコンセプトで設置しました。しかし、コンピュータはネットワーク型になり、情報化社会の中でマネジメントを考えようということから変えました」
　現在、情報マネジメント学部（湘南キャンパス）と経営学部（自由が丘キャンパス）の2学部に約3,000人の学生が学ぶ。通信教育は、正課（卒業すると学士になれる）に約4,000人、生産管理などテーマ別（企業の社会人）に約25万人が学んでいる。
　「情報マネジメント学部では、学生は、マネジメントを効果的に推進するための情報技術や情報環境の活用法を学ぶとともに、価値ある情報を生みだすためのマネジメントのあり方についても学びます」
　「経営学部では、学生は、企業経営や経営管理の理論や方法だけを学ぶのではなく、実践的なビジネスの考え方と方法を学び、現代のビジネス社会の最前線で活躍できる人材を目指しています」
　2012年3月卒業者の就職内定状況（3月末現在）は、就職希望者505名中、就職内定者476名で、就職内定率は94.3％。就職力について尋ねた。
　「企業との関係づくりがバックボーンとなっています。1980年から専門に入る前の2年生からインターンシップを行っています。学生は実習し、大学は企業の方を講師に招き、マネジメントの題材を提供、授業の科目もつくります。これらが就職に結びつきます」
　企業の授業科目と言えば、Jリーグの湘南ベルマーレとコラボレーションとして行っている「スポーツビジネス」の授業がそうだ。同大は、2004年、湘南

産業能率大学

ベルマーレのスポンサーになり、07年、横浜ベイスターズと業務提携した。

インターンシップや企業とのコラボと学生の就職の関係について聞いた。「ダイレクトに就職につながるケースもありますが、プレゼンテーションなど、こうした場で体験したことが企業から評価されて就職につながっています」

原田雅顕　学長

2007年、スポーツマネジメント研究所が発足した。「マネジメントは広がりをみせています。その1つがスポーツ分野で、スポーツマネジメントを手掛けようと、ビーチバレーの選手育成や普及を目指しています。湘南ベルマーレや横浜ベイスターズとの提携に続くものです」

クラブ活動も盛ん

女子ビーチバレー部は同大の強化クラブにした。日本のトッププロが参戦するJBVツアー2011では、溝江明香選手(情報マネジメント学部3年・当時)が田中姿子選手(エコ計画)とのペアで3度優勝し、2年連続総合優勝を果たした。

クラブ・サークル活動は盛んだ。スポーツ系・文化系、合わせて約30団体が活発に活動。女子ビーチバレー部のほか、サッカー部、バレーボール部や軟式野球部を強化クラブに指定。サッカー部は2010年、11年、神奈川県大学サッカー春季及び秋季リーグで連続優勝した。

ところで、冒頭の同大がマスコミに盛んに取り上げられたケースはこうだ。AERA（2011年10月31日号）で、情報マネジメント学部の小野田准教授のゼミにおける就職支援の取り組み、週刊東洋経済（11年10月22日号）の特集「本当に強い大学」では、経営学部の授業「新事業・商品企画の実践演習」が掲載された。

サンデー毎日（2011年9月11号）「進路指導教諭が勧める大学はここだ」では、就職に力を入れている大学で「全国12位」、「関東・甲信越4位」とランクされた。読売新聞社発刊「就職に強い大学2012」（11年7月29号）には、同大のアクティ

ブラーニングに関する記事が載った。

　アクティブラーニングとは？「フィールドワークやグループワーク、プレゼンテーションを取り入れた実践学習をいいます。『教員が何を教えたか』ではなく、『学生が何を学び、できるようになったのか』を考え、カリキュラムを構築。アクティブラーニングと知識理論の学習とを補完関係にし、体系的に連携させていることが評価されて取り上げられました」

　最後に、大学のこれからを聞いた。「学生の就職についての考え方は、これまで文科省、厚労省、経産省の間で分かれていましたが、文部科学省が数年前から『就業力』を言い出しました。就業を重要視する考え方は、我々がずっと考え、実践してきたことです。これからも『社会に出てすぐ役立つ教育』という路線は強化していきたい」

　具体的には？「就業力を持った学生とは、どういう姿なのか、卒業時の評価を数値化できないものかと思いました。学生の自己評価と教員の評価を合わせて品質保証するようなシステムづくりを考えています。ディプロマ・ポリシー(学位授与方針)を強化していくことも大事だと思います」

　「就職内定の早期化が言われています。企業の『就職すれば、自分のところで育てる』という考え方もわからなくもありません。大学としては、内定から卒業までの間に、業界の研究など社会に出てすぐ役立つ就業力を身につけさせることも検討しています」

　「知識は実際に役立ってこそ価値がある」と述べ、それを自ら実践した創立者、上野陽一。この教えは、いまも確実に受け継がれている。

Information

ホームページ　　　http://www.sanno.ac.jp/

芸術による女性の自立、女性の社会的地位の向上、専門の技術家・美術教師の養成

女子美術大学

創立来、多くの作家、デザイナー、美術教員など優れた人材を輩出してきた（写真は杉並キャンパス）

◎設立：1900年
◎学生：3,004名
　（大学 芸術学部・短期大学部）
　※2013年5月1日現在
◎教員：145名
　（大学 芸術学部・短期大学部専任教員合計）
　※2013年5月1日現在
◎学費：初年度納入金（2013年度）
　芸術学部
　1,936,260 ～ 1,969,260円
◎学部：
　[芸術学部]
　　美術学科
　　デザイン・工芸学科
　　アート・デザイン表現学科

【大学データ】
◎学長：横山勝樹
◎住所：[杉並キャンパス]〒166-8538
　東京都杉並区和田1-49-8
　[相模原キャンパス]〒252-8538
　神奈川県相模原市南区麻溝台1900
◎電話：
　[杉並キャンパス] 03-5340-4500〈代表〉
　[相模原キャンパス] 042-778-6111〈代表〉

【大学情報】

入学・修学

進路・就職サポートでは、現役のデザイナーや企画職を招いてのワークショップ・講演会を多数実施。その他、企業説明会、スキルアップ講座、企業見学会など多数のイベントを開催。また個人面談のほか、美大生ならではの現役デザイナーによるポートフォリオ指導なども実施。

外部連携

相模原市、杉並区、千葉県佐倉市、長野県高山村など自治体の他、多くの企業や国内外の大学間と連携を行いながら地域振興や教育・文化の発展プロジェクトを進め、学生の能力を社会に還元。

主な就職先（過去2年間）

㈱電通／任天堂㈱／㈱髙島屋／イケアジャパン㈱／㈱フェリシモ／㈱コナミデジタルエンタテインメント／㈱カプコン／㈱サンリオ／サンエックス㈱／㈱白鳳／㈱ブシロード／㈱ボルテージ／グリー㈱／㈱サイバーエージェント／エキサイト㈱／㈱電通テック／㈱クレオ／㈱東京アドデザイナーズ／㈱アマナホールディングス／ナカバヤシ㈱／アンファー㈱／㈱伊東屋／石川玩具㈱／㈱日テレアックスオン／公立・私立学校教員　他

Philosophy

(2011年9月28日)
2012年、美術教育専攻を設置
就業力にも力を入れる美術界支える人材輩出

　日本の私立の美術大学としては、最も長い歴史を持つ。創立来、女性のための美術(芸術)の専門教育機関として、日本の美術界を支える人材を育成してきた。女子美術大学(横山勝樹学長)は、1900年、当時女学生の入学を認めていなかった東京美術学校(現東京芸大)に対峙して創設された私立女子美術学校が前身。これまでに、6万人以上の卒業生を送り出してきた。造形作家や教育者・研究者、美術に関わる職業人を多数輩出、社会、特に文化の振興に貢献してきた。94年には大学院課程を設置、大学院修士課程・博士後期課程は男女共学である。2012年、美術学科に「美術教育専攻」を設置するなど新しい風も吹いている。これまでの歩みと今後、就職状況などを学長に聞いた。

日本の私立美大の中で最も長い歴史を誇る

　女子美術大学の設立の中心的役割を担ったのは横井玉子。玉子は、西洋式の男女共学の理念を持つ熊本洋学校で学んだ。1901年に学生を受け入れたが、入学者が少なく経営危機に。順天堂病院長夫人の佐藤志津の貢献によって建て直され、運営は軌道に乗った。このあたり、2人を描いた小説『二つの星』(山崎光夫著、講談社)に詳しい。同著には〈玉子の構想力と志津の組織力が「美の殿堂」を作り上げた〉とある。

　学長の横山が話す。「創設当時、美術の専門教育機関の大半は女性に門戸を開いていませんでした。大学としての女子大学が認められ、また女性の大学進学が許されるのは、戦後、政府による『女子教育刷新要綱』の公表後です」

　女子美は、戦後の学制改革で、1949年、専門学校から大学となり、校名を「女子美術大学」とした。50年、短期大学部を併設。94年に大学院を設置し、教育研究のさらなる高度化を目指した。キャンパスは、1935年、女子美術専門学校時代に文京区本郷から現在の杉並区和田に移転。相模原キャンパスは、

女子美術大学

90年に開校した。現在、芸術学部の1学部に約2,700人の学生が学ぶ。

横山が女子美を語る。「建学の精神は、①芸術による女性の自立②女性の社会的地位の向上③専門の技術家・美術教師養成です。この精神を誇りに持ち、実践し、創造的な発想を持って仕事を進め、世界に希望を与えることのできる女性を育成してきました」

横山勝樹　学長

2010年は女子美にとって画期的な年だった。創立110周年記念式典を挙行するとともに、芸術学部の学科・専攻課程を再編した。7学科2専攻を3学科12専攻・領域に変えた。学科再編のねらいは？

「カリキュラムを議論する中で、学科が多いと専門分野の追求にはいいが、他分野との連携が取りづらくなる。ゆるやかな関係にして、分野横断的、総括的取り組みもできる体制とした。さらにキャンパスごとの特徴を生かし、芸術を深める相模原キャンパス、芸術を広げる杉並キャンパスと位置付けました」

学科は、美術学科(洋画、日本画、立体アート、芸術表象の各専攻)、デザイン・工芸学科(ヴィジュアルデザイン、プロダクトデザイン、環境デザイン、工芸の各専攻)、アート・デザイン表現学科(メディア表現、ヒーリング表現、ファッションテキスタイル表現、アートプロデュース表現の各領域)となった。

2012年に美術学科に美術教育専攻が加わった。「建学の精神の1つに『専門の技術家・美術教師の養成』があり、創立来、多くの美術科教員を送り出しました。美術教育専攻は建学の精神を体現した、将来、高校や中学校の美術教員として、あるいは美術に関わる教育者として、社会に貢献できる人材育成が目的です」

キャンパスは、それまで、芸術学部の学科はすべて相模原キャンパスだったのが、3学科となって、美術学科とデザイン・工芸学科は相模原、アート・デザイン表現学科は杉並キャンパスとなった。

女子美の教育研究を聞いた。「92年から病院の小児病棟や介護福祉施設を中心に、アートの設置による心の安らぐ空間づくりを目的としたヒーリング・アー

ト(癒しの芸術)プロジェクトに取り組んできました」
　ヒーリング・アートとは？「癒しについて、実技と理論を通して考え、新たな提案をしていきます。具体的には、キャラクターデザイン、絵本、ぬいぐるみ、玩具、壁画などの作品制作や空間デザイン、ワークショップ、プロジェクトの体験を通し、ヒーリングを目的としたアートとデザインの表現を追究します」
　ヒーリング・アートによる医療・福祉施設の環境改善の取り組みは、2008年度の文部科学省のGPに採択された。「美術の小さな単科大学ですが、文科省のGPにはいままで7件が採択されています」と横山。
　2010年度の「大学生の就業力育成支援事業」(GP)に採択された「職業的自立と美大の就業力リテラシーの養成」について説明した。
　「コミュニケーションスキルとプレゼンテーション力等の養成が目標。大学が企業や自治体と協働し、『女子美eーコミュニティ』を形成、在学生を支援して、国内や海外での学生の就業力を高めていくものです」
　その就業力が、一般大学とちょっと異なる。「就職を希望する学生は全体の6割程度。学生はみな目的や夢を持っています。作家の夢もすぐには実現できません。卒業後もアルバイトなどしながら制作活動を続ける卒業生も結構います」
　進路希望は学科・専攻によって異なる。デザイン系の学科・専攻は就職希望者が多く、絵画などのファインアート系は大学院に進学する者が比較的多い。
　就職の業種は？「修得した技術と知識を活かせる就職を希望する傾向が強く、専門知識を活かした職に就きます。業種別では、広告・デザイン、服飾、玩具・文具、印刷・出版・書籍、報道・マスコミが上位を占めています」
　いわゆる総合職に進む学生も増えつつあるという。「芸術系ですので発想力や創造力、そしてプレゼンテーション力は秀でています。企業は、こうした人材を求めており、総合職での就職も視野に入れるよう指導しています」
　さて、卒業生だが、日本画家の片岡球子、郷倉和子、洋画家の三岸節子、皮革工芸家の大久保婦久子などの文化勲章受章者及び文化功労者らのほか、洋画家の佐野ぬい、日本画家の松井冬子らがいる。ファッションデザイナーの

桑沢洋子、宇津木えり、アートディレクターの野田凪、吉田ユニも。

女子美のユニークなところは、女優や音楽家らがいる点。女優では岡田嘉子、奈良岡朋子、樋口可南子、ミュージシャンではイルカ。客員教授もユニークで、演出家の蜷川幸雄、女優の桃井かおり、漫画家の萩尾望都、OGのイルカも。

地域貢献も美術大学らしさが。2001年に相模原キャンパスに完成した女子美術大学美術館。女子美出身の著名作家の作品や小袖など染織コレクションを13,000点以上所蔵。「相模原市との文化促進協定も締結し、地元小中学校の展覧会に協力、市民開放し、地域の人々に親しまれる美術館を目指しています」

横山は女子美のこれからを話した。「2007年度からキャリア形成科目を1・2年次に開設し、キャリア意識の形成に取り組んでいますが、さらに就業力に力を入れたい。もう1つは、キャンパスの国際化です」と国際化を語った。

「キャンパスは、社会の紐帯。優秀な韓国などの留学生と競い合い国際性を感じ取ってもらいたい。"そこへいくと、世界がある"ようなキャンパスにしたい。日本の伝統を守りながら、人だけでなく海外作家の作品も紹介していきたい」

女子美は、建学の精神を誇りに持ちながら、これからも日本の美術（芸術）と文化を世界に向けて発信していく。

Information

ホームページ	http://www.joshibi.ac.jp/
研究者情報	http://www.joshibi.ac.jp/publication/
産学連携情報	http://www.joshibi.ac.jp/outreach/coalition/
広報誌	広報誌 女子美（年3回発行） http://www.joshibi.ac.jp/about/joshibinews/

column 『女性の品格』の著者はいま 昭和女子大学長

坂東 眞理子さん

(2010年8月25日)

■「女性の生き方」を説く　まず、基礎を身につけよ
『女性の品格』の著者はいま

　昭和女子大学学長であり、ベストセラー『女性の品格』の著者。著書はエッセイ風に装いから生き方まで、「女性としての振舞い方」を説いた。若い女性だけでなく、中高年の女性、さらに男性まで多くの読者を獲得した。「横綱の品格」が取り沙汰され、『男の品格』なんて本まで現われた。「それまで出した本が売れなかったので、うれしかった。ダンボール1箱分も届いた読者の手紙は宝物」と振り返る。東大卒のキャリア官僚として女性政策に携わり、その立案をリードした。いま、女子大学の学長として「これからの女性の生き方」を説く。官僚から大学人へと華麗な転身をした坂東さん。彼女の歩みを追いながら、いまの学生のこと、女性や若者の生き方などを尋ねた。坂東さんの来し方と発する言葉は、若者や女性にとって、社会でぶつかる壁を乗り越える力にきっとなるはずだ。

　立山連峰を望む富山県に生まれた。どんな子どもだったのか。「本好きなスポーツ少女でした。小説家とか文筆家は素敵だなあ、とか学校の研究者や医者なんかにもなりたい、なんてと思っていた」。夢見る多感な少女だった。

　高校は地元の名門、富山中部高校へ。「あのノーベル化学賞の田中耕一さんの出身高校です。大学受験では、医学部なら東大は無理だけどほかの大学なら大丈夫、東大なら文科系は合格できる、といった先生の指導で東大文Ⅲを受けました」

　東大文学部では心理学科へ。「女性が世の中へ出るには社会学とか心理学がいいと漠然と考え、何になりたいという具体的なイメージはありませんでした。文学者になるという夢は現実には無理とあきらめました」

　いまは、「こう思っている」と笑いながら続けた。「公務員の頃は、"大学では何を専攻しましたか"と聞かれたことはありませんでした。大学へ来たら"専攻

は何ですか"とよく聞かれます。これは辛いことですね。大学は本郷へ進学したとたん大学闘争でしたから」

1969年、東大卒業後に総理府に入省。なぜ、総理府へ？「労働省（当時）へ行こうと思ったのですが、先に女性の内定者が決まっていて……。たまたま、総理府の広報室が採用してくれる、という話を聞いて採用していただきました。どんな役所か選ぶ立場ではありませんでした」

1975年、総理府に婦人問題担当室が発足したとき、最年少の担当官として参加。78年に日本で初めての『婦人白書』の執筆を担当した。「この年から個人的に1年に1冊のペースで本を出しています。異色の公務員ということかしら」

『女性は挑戦する』（主婦の友社、78年）、『女性は消費者のみにあらず』（サイマル出版会、80年）、『米国きゃりあうーまん事情』（東洋経済新報社、81年）……。行政官としてのキャリアと2児の母としての役割を両立させた経験を生かし、女性のライフスタイルにかかわる著作も多い。

なぜ、出版にこだわったのですか。「役人はほぼ2年ごとに異動があります。卒論という意味で書きました。現職のときは書かず、書くのは土日の休みで、子育てもあったし外出せず執筆しました。1冊を3か月から半年で仕上げました」

1980年にハーバード大学へ留学。統計局消費統計課長、埼玉県副知事、在豪州ブリスベン総領事、内閣府の男女共同参画局長等を歴任して03年に退官。「女性として初めてという仕事が多く、初物屋なんて言われましたが、いい経験をさせてもらいました」と振り返る。

2004年、昭和女子大学教授に就任。昭和女子大へ来たのは？「公務員を辞めて何もすることがないときに、声をかけていただきました。女性問題に取り組んできたこともあり、ありがたい申し出でした」。

戸惑いもあった。「良妻賢母の色彩の強い大学に、"女性は、もっと社会で活躍すべき"と主張する私のようなものを受け入れてくださるかしら」

こう決意した。「男女共学の中でずっと育ち、公務員としても女性の中の仕事としては初めてというものばかりやってきました。これからの女性には、どう生きてほしいのか、これをライフワークとしてやっていきたい」

さて、『女性の品格』（PHP新書）は、2006年9月の発売、07年夏には大ブームを巻き起こした。翌年3月までに累計300万部を超えるベストセラーに。

「不思議でした。それまで書いても書いても売れずにきましたから。神様は平等なんですね。売れない本を書きつづけてきたご褒美だったのです。売れた理由？　当時、勝ち組、負け組といった金儲けが成功者という風潮がありました。こうしたものへの反発や抵抗感を持った方が読んでくださったのでは……」

品格と言えば、名匠、小津安二郎の『小早川家の秋』の中で、原節子のいう名セリフを思い出す。「品行は直せても品性は直せません」。品性は品格と同義語、坂東さんは「品性（品格）は直せる」と同著で主張、原節子を超えた感じも。

たとえば、同著の「品格のある生き方」の「恋はすぐに打ち明けない」で小野小町や紫式部の恋を取り上げながら〈現代においても、忍ぶ恋、片思いの恋、思うに任せなかった恋が、女性を磨き、心のひだを深めるのではないでしょうか〉。

いまの若者をどう思うか。「本を読まないですね。情報源はインターネットや携帯電話で、活字よりも映像に関心があるみたい。それと、海外に行きたいという若者が減っていることが気になります。外国に行くと、言葉が通じず、バカにされたり、悔しくて情けない体験を通して1回り大きくなるのですが……」

「良いところもある」とフォローする。「とても素直で、親に反発することがない。まじめで、心優しい。障害を持っている学生や、地域の子どもを手助けしたり、勉強の遅れている子どもに教えてあげたり、格差社会に押しつぶされる人たちにシンパシーを持っている」

若者が「品格」を身につけるには？「まず、基礎を身につけてほしいと思います。足元が固まっていないのに、『自分らしくありたい』、『個性を発揮したい』、『オンリーワンになりたい』と言い張る若者がいますが、社会が必要とする最低限のことができるようになってから、自分らしさを付け加えるのが筋道ではないでしょうか」

坂東さんは、2007年、「なるとは思わなかった」学長に就任。同大のHPで学長ブログを週1回更新している。出版と同じようなハイペース。そこでは、「こんなことを書いています」と骨格を話してくれた。

「大学は、いいものは残すべきだし、変えていくものは変えていくべき。学生は、自分で考え、企画して実行することが大事。自立すること、他人に頼り他人を助ける、社会の役に立ち社会を支える、こうした気持ちを持ってやってほ

column

しい」

　彼女の目は昭和女子大学の学生はもちろん、多くの女性、そして若者のほうを向き、品格、そして変革や自立を問いかけている。『女性の品格』の出版から7年、そろそろ、若者や学生、女性ら読者が坂東さんの問いかけに応える番だ。

| ばんどう | まりこ | 1946年、富山県立山町生まれ。東大文学部卒業。69年、総理府入省。内閣広報室参事官、男女共同参画室長、埼玉県副知事等を経て、98年、女性初の総領事（豪・ブリスベン）に。2001年、内閣府の初代男女共同参画局長。04年、昭和女子大学女性文化研究所長（現在に至る）、05年、同大学副学長。07年4月から同大学学長。『女性の品格』(PHP新書、06年)、『親の品格』(PHP新書、07年)がベストセラーとなる。その他、『女性の幸福（仕事編）』(PHP新書、10年) など。 |

column ノーベル賞受賞後も教育・研究に多忙な日々

益川　敏英さん

(2010年10月6日)

■若者よ、科学にロマン持て
　京都と名古屋往復の日々 好きなクラシックもお預け

　大学人として、これほど脚光を浴びた人物は、この人を措いて前にも後にもいまい。2012年も日本人1名がノーベル賞を受賞。ノーベル賞の受賞自体、言葉で言い尽くせないくらいの栄誉だが、当時の受賞インタビューでの受け答えも日本中の話題をさらった。いわく、「(受賞は)大してうれしくない」、「39年前の過去の仕事ですから」、「研究者仲間が理論を実験し、あれで正解だったよ、と言ってくれるのが一番うれしい」、「我々は科学をやっているのであってノーベル賞を目標にやってきたのではない」……。受賞から約5年経ったいま、益川さんは教育と研究で京都産業大学と名古屋大学を行ったり来たりの多忙な日々を送る。そんな益川さんを訪ね、これまでの人生、受賞のことなどを改めて尋ねた。取材を通じての人間・益川像。テレビなどで受けた印象はほんの一断面に過ぎなかった。

　1940年に愛知県名古屋市中川区に生まれ、戦後は昭和区、西区で少年期を過ごした。どんな子どもだったのか、少年時代のことを聞いた。

　「親父は戦前、家具製造業を営んでいましたが、戦争ですべてを無に帰しました。戦後は砂糖を商っていました。若い頃に勉強した電気の知識を自慢したかったらしいのですが、話し相手がいません。私がターゲットにされました」

　銭湯の行き帰りがそうだった。「親父は『どうして三相交流モーターが回るのか』、『日食や月食が毎月起こらないのはなぜか』といった話をしてくれました。息子の教育ではなく、自分の自慢話」

　「私は学校の成績は良くなかった」とご本人。ほんとうですか？「先生が教科書通りでない話題に脱線したときなどは、それをフォローして質問に答えられる、おかしな少年でした。両親が子どもの勉強を手伝ってくれるという家庭ではなかった」

column

　1955年、名古屋市立向陽高校に入学。「高校進学率が50％の時代、友達が高校に行くから自分も」といった気持ちで高校に進学した。物理学者になりたいと強く思うようになった契機は、高校進学後のこと。
　「高校1年のときでした。地元の名古屋大学の坂田昌一教授が『陽子、中性子、ラムダ粒子を基本構成子に選んだ画期的な複合粒子模型を発表した』と新聞に出ました。私の住む名古屋で今、科学が作られている、ならば私もそれに加わりたい、と思いました」
　1958年、名古屋大学理学部に入学。父親と一悶着あったという。「親父は『砂糖屋に学問はいらん』の一点張り。夕食のとき親父と喧嘩、おふくろが中に入って、1回だけ名古屋大の受験を許されました」
　入試は800点満点だった。「苦手な英語は捨てて数学と理科で90％取れば合格できると、日本史・世界史は3年の12月後半から1日16時間やった。勉強でなく暗記だった。合格のあと成績を聞いたら、英語は200点満点で50点なかった。英語は俺に向いていないと思ったが、いま考えれば、やっておくべきだった」
　大学での授業は高校までとは大いに違い、大変刺激だった。よき友人に出会った。「数学や物理が好きなのが4、5人集まって毎日、議論した。乱暴な議論をして『お前とは口を聞かん』なんていうのはしょっちゅう。みんな『俺は研究者になる』と教職課程を取らず退路を断ち切って学んだ」
　終生の師とも出会う。1962年、大学院に入り、坂田昌一研究室で学ぶ。「先生は忙しくて研究室にはあまり来なかった。来たときは、"屁理屈の坂田"の本領発揮で鼎談になった。憧れていた先生なので耳をそばだてて聞いた。若い学者を育てる、という研究室経営が優れていた先生だった」
　大学院でも"へそ曲がり"は治らず、一時期、脳の研究が重要であると数人の仲間でパーセプトロンの勉強を行っていた。しかし、最終的には坂田研究室で理学博士号を取得。博士論文のタイトルは「粒子と共鳴準位の混合効果について」。
　1973年、京都大学理学部助手のとき、坂田研究室の後輩の小林誠さんとウィーク・ボゾンとクォークの弱い相互作用でCP対称性の破れを説明。この「小林・益川理論」による物理学への貢献でノーベル物理学賞を受賞した。

column

　冒頭に紹介したように、2008年12月7日のスウェーデン王立科学アカデミーの会見での発言は型破りだった。「(受賞は)大してうれしくない」といったのは、どうしてですか?
　「受賞の知らせが届いたとき、女性の日本語通訳は『このことは10分後にプレスに発表します』と言った。フィールズ賞などでも受賞を断る人も出るが、そういうことは予想していない。(ノーベル賞は)そんなに偉いのか、とむすっとした(ので、ああした発言になった)」
　「まあ、質問されたとき、だいたい答えはわかるもの。うれしい、と、その通り答えるのもねえ、ぼくは、もともとへそ曲がりだから」。
　「(ノーベル賞は)世俗的な物」という発言に象徴的だが、益川さんは、研究者にとって純粋な学問の追求こそが目的で、賞を獲得することが目的ではない、と言いたかったのではないか。
　教育問題に対する発言も注目を集めた。受賞後に文部科学大臣に面会した際の発言。「大学受験などでは難しい問題は避け、易しいものを選ぶよう指導している。これは考えない人間を作る『教育汚染』。親も『教育熱心』でなく『教育結果熱心』である」
　改めて真意を聞いた。「今の子どもは、遭遇したことのない問題はスキップしなさい、時間の無駄だと教わっている。答えを出す際も、なぜこうなるのかを考えない、考えない子どもをつくっている」
　どうすればいいのでしょうか?「子どもも先生も過重な負担を負っている。試験問題づくりでもミスが有ってはいけないと昔の10倍以上のエネルギーを使っている。人生には不慮の事故もあるんだし、複雑になりすぎている受験システムをシンプルにし、仕事量を減らすことだと思う」
　科学教育や科学政策にも苦言を呈した。日本人ノーベル賞受賞者の増加について「だからといって、現在の日本の科学の現状が万万歳ということにはならない」。
　「日本の基礎科学への研究費配分は不十分、このままでは大学の基礎科学が危なくなる」と警鐘を鳴らした。
　こちらも改めて聞いた。「科学にロマンを持つことが重要。あこがれを持っていれば勉強しやすいが、受験勉強で、それが弱くなっている」。若い人が物理

column

学に興味を持つには？「我々の仕事が多少なりとも役に立てば光栄なことです」

趣味を聞くと、「自分でアンプやスピーカーなどを買い揃え、同軸ケーブルを自宅に張り巡らして聞くクラシック音楽の鑑賞」と意外な答え。「モーツァルトは嫌いでバッハ、ベートーベン、バルトークらが好き」だそうだ。

2010年4月にスタートした京都産業大学の益川塾。益川さんの名前を冠して自然科学、人文科学の両分野で1人の若手研究者が刺激しあって研究に取組んでいる。この益川塾は「順調に動いている」という。

週3日は母校の名古屋大学に通う。「琵琶湖の近くにバラック小屋を建てた。冬は雪が1、2m積もる。ここで、薪ストーブを炊いて、クラシックを聞くのが楽しみ」。目下、「その時間が取れなくて……」と残念がった。その苦笑いした顔はノーベル賞受賞の際に時折みせた笑顔と重なった。

| ますかわ | としひで | 1940年、愛知県名古屋市生まれ、70歳。67年、名古屋大学大学院修了、名古屋大学理学部助手、京都大学理学部助手、東京大学原子核研究所助教授を経て80年、京都大学教授、97年、同大基礎物理学研究所所長、2003年、京都産業大学理学部教授。08年、ノーベル物理学賞を受賞。理論物理学者。専門は素粒子理論。現在、京都産業大学益川塾塾頭、名古屋大学特別教授・素粒子宇宙起源研究機構長。 |

column 著作、講演で人気　神戸女学院大教授
内田　樹さん

（2010年11月3日）

■大学減らさず、定員一律削減を
　大学の課題にも提言　地域の大学は貴重な資源

　近頃、これほどの売れっ子の大学人はいまい。肩書きは大学教授だけでなく、思想家、エッセイスト、フランス文学研究者、翻訳家……。著作や解説も専門分野はもとより映画、武道から時事問題まで幅広い。マルチで異能な学者であり、言論人。神戸女学院大学教授の内田樹さんは、なぜこれほどもてるのだろうか。経歴が面白い。都立日比谷高校在学中に「革命が起こる。勉強どころではない」と高校を退学、大検で東大に入学。離婚、子連れで神戸女学院大に奉職。学生に教える傍ら教務部長や入試部長なども務めた。合気道六段。2011年3月には大学を退職、「武道家になる」。この潔さも魅力の1つ。そんな内田さんに、これまでの歩み、大学の抱える課題、これからのことを大いに語ってもらった。

　1950年、東京都大田区下丸子に生まれた。父親はサラリーマンで、小中学校は地元の区立に通った。「私立国立の中高一貫校はそういうものがあるということさえ知らなかった。小学校の頃は、父のようにサラリーマンになりたいと思っていた。それを先生に言ったら『夢のない奴だ』と言われた」

　中学2年生のとき、同級生の誘いでSFファンクラブ「SFFC」に入った。「全国の中高生の地下ネットワーク。ガリ版でファンジンを刷って、30人ぐらいの同志たちに郵送していた。小学生のときの壁新聞から、自分が書いたものを読んでもらうことが大好きだった」

　中学生になって、「新聞記者になりたくなった。たぶんテレビの『事件記者』の影響」。高校は都立日比谷高等学校に進む。67年初夏、ふいに地殻変動の近いことが予感された。「革命前夜に思えた。受験勉強なんか、やってる場合じゃないと思って」高校を退学、家出してジャズ喫茶でアルバイトしたりするが「食えなくなり、12月、親に謝って家に入れてもらいました」。大学入学資格検定

column

を経て69年、東京大学入試中止の年、京都大学法学部を受験するが失敗。

　なぜ法学部に？「高校生の頃は、ずっと法律家になりたいと思っていた。法律学的なものの考え方や書き方となじみがよかったから」

　しかし、1年間の浪人生活を経て70年、東大文科Ⅲ類（文学部進学）に入学。法学部志望はどうなったのですか？「受験の最後の最後まで文Ⅰ（文科Ⅰ類・法学部進学）に行くつもりだったが、突然、非生産的なことをしたくなった」

　75年、東大文学部仏文科を卒業。就職する気はなかった。「学生運動をやってた連中が髪を7：3に分け、スーツを着て就活するのを見て、うんざりしたから。とりあえず大学院に行こうと思った。別に向学心があったわけじゃなくて、よくあるモラトリアム」

　東京都立大学大学院へ進む。「大学院生のとき、友人の平川克美くんと渋谷で翻訳会社を起業した。ビジネスは大成功したが、修士論文を書くときに一線を引いて、それからは研究の方に軸足を移した」

　1982年、都立大大学院人文科学研究科博士課程中退、都立大人文学部助手に採用されて、8年間。39歳になっていた。「教員公募はフルエントリー。帯広畜産大から琉球大まで30数校に応募して全部落ちた」

　「都立大OBのいた神戸大学に誘われ、決まりかけたが最後で流れた。この先生が面倒見のよい方で、フランス語の専任に定年退職者が出た神戸女学院大に推薦してくれた」

　1990年から神戸女学院大学文学部助教授に。95年の阪神大震災を体験。「地震の翌日バイクで大学へ。あまりの被害の甚大さに、意識が遠のいた。それから3か月間は朝から晩まで土木作業。復旧するまで2年かかった」

　教務部長、入試部長を経験したことについて。「教務部長は会議が多くて、それがほんとにつらかった。でも、様々なタイプのクレーマーと対応したことはよい経験になった。入試部は志願者に向けて、大学のミッションステートメントを掲げる仕事。これはやりがいがある」

　そろそろ、本論に入ろう。「女子大冬の時代」と言われて久しいが？「女子大は社会のニーズに追随する必要はない。そのときの支配的な価値やイデオロギーにはなじまない『場違い性』にも高等教育機関の重要な存在理由意味がある」。こうした表現力が凄い。

こんな話を付け加えた。「先日、図書館にやって来た卒業生がいた。『転職について迷っているので、心の落ち着く場所で決断しようと思ったら、大学に足が向いていた』という理由だった。そこに来ると、自分がほんとうはどこに向かっているのか、何がやりたかったのか、はっきり思い出せるから。そういう自分の位置確認ができる母港みたいなものです、大学は」

共学化したり、実学志向に傾く女子大が増えているが？「共学に踏み切るのは建学の理念を放棄するもの。これを教えたいというところに、学びたいという人が来て学校は成立する。学びたい人を増やすために学校の"限定条件"を解除するのは本末転倒」

少子化や大学全入という厳しい大学の現状について。「サイズも教育理念も教育方法も異なる様々なタイプの大学が混在するのが最良の教育環境。資金力の弱いところが淘汰されて、ビジネスマインデッドな巨大大学だけが生き残るのは知的未来にとっては少しも望ましいことではない」

■建学の精神を貫け

生き残る大学とそうでない大学の差は？「市場のニーズなるものを追って教育内容を朝令暮改してゆけば、やがてどうしてこの大学が存在しなければならないのか、その根本の理由が見えなくなってしまう。『これを教えたい』というはっきりした建学の理念を貫ける大学だけが生き残る」

文部科学省の大学政策にも批判的。「18歳人口が減っているのに、新学部や新学科を認め、市場原理による大学淘汰を許した。結果的に教育環境は多様性を失い、大学の知的生産力は下がり続けている。文部科学省の責任は大きい」

「1,200もの大学・短大・大学院大学が全国に展開しているというのは地域にとっては文化的にも環境的にも、あるいは経済波及効果から見ても、貴重な資源だ。市場の淘汰に委ねていれば、いずれ『無大学県』も出てくるだろう。大学の実数を減らさず、定員を一律削減する方向で強い行政指導を行っていれば、教育立国のインフラが整備されたのに」

■定年後は武道家に

これからについて。「大学定年後は専業武道家。13年前からそう決めていた。

column

神戸市に建設中の道場は、地域の社会教育の場として、それを拠点とする地域共同体の再構築を目指したい」

それだけでは済まないのでは？「武道の合間には本も書く」。これまで著作や講演の依頼が殺到。最近の著書をみても、『日本辺境論』（新潮社、2009年）は10年度新書大賞受賞、『街場のメディア論』（光文社、10年）、『武道的思考』（筑摩書房、10年）も売れている。ネット上での公開物については「著作権放棄」の考えを示す。

『街場のメディア論』では、〈メディアの衰退はネットの普及やビジネスモデルでなく、情報を発信する側の知的劣化にある〉といわゆる業界の常識をバッサリ。

神戸女学院大での最終講義は2010年1月22日。「21年間、いい大学にお世話になった。大学に来たときは父子家庭で自由が効かなかったけれど、先輩の先生たちは『子育て優先でいいよ。いずれたっぷり仕事をしてもらうから』と気づかってくれた。最初はキリスト教の大学に多少の違和感はあったが、会衆派の空気が気質に合っていたのか、実に居心地がよかった。こういう大学が日本にはなくてはならないと思う」

世話になった大学への優しい眼差し、ペンと剣にみられる剛直。この2つが同居している。これが内田人気の源泉か。

| うちだ | たつる | 1950年、東京都大田区生まれ。区立東調布第三小、同矢口中卒業。都立日比谷高校に進むが退学、大検で東京大学に入学。75年、東大文学部仏文科卒。80年、東京都立大学大学院を修了して同大助手に。90年から神戸女学院大学文学部助教授、現在、同大文学部総合文化学科教授。著書は『ためらいの倫理学』（冬弓舎、2001年）以降、『下流志向―学ばない子どもたち、働かない若者たち』（講談社、07年）など多数。『私家版・ユダヤ文化論』（文春新書、06年）で小林秀雄賞受賞。|

摂南大学

Smart and Human

寝屋川キャンパス

◎教員：専任309名
◎職員：専任106名
◎学費：理工学部1,400,000円、外国語学部1,060,000円、経営学部1,000,000円、薬学部1,900,000円、法学部970,000円、経済学部1,000,000円、看護学部1,650,000円 ※別途入学金（250,000円、薬学部は450,000円）及び諸会費（振興会費・学生互助会費）15,000円/毎年必要
◎学部：
[理工学部]生命科学科/住環境デザイン学科/建築学科/機械工学科/電気電子工学科/都市環境工学科
[外国語学部]外国語学科
[経営学部]経営学科、経営情報学科
[薬学部]薬学科（6年制）
[法学部]法律学科
[経済学部]経済学科
[看護学部]看護学科

【大学データ】
◎学長：今井光規
◎住所：[寝屋川キャンパス]〒572-8508
大阪府寝屋川市池田中町17-8
[枚方キャンパス]〒573-0101
大阪府枚方市長尾峠町45-1
◎電話：072-839-9450
◎設立：1975年
◎学生：7,561名

【大学情報】

入学・修学

「何を知っているか」でなく「何ができるか」に重点を置く実践的教育を推進。人間力・実践力・統合力を養い、世に役立つプロフェッショナルを育てたいと考えるため、社会で活躍する夢と希望を持ち、努力する意欲ある学生の入学を求める。

外部連携

寝屋川市、交野市、寝屋川市の友好都市である和歌山県すさみ町の他、茨木商工会議所、奈良県の葛城市経済倶楽部と包括連携協定を締結、総合大学の特性を活かし、地域社会とともに「共創の活動」を展開。2011年3月10日にオリックス・バファローズと教育に関する協定を締結。球団職員による講義や球場でのフィールド調査を実施するなど、現実の球団による生きた経済活動を実体験し、経済学を実践的に学ぶことができる。

主な就職先（過去2年間）

国土交通省近畿地方整備局/大阪市役所/柏原市役所/木津川市役所/大阪府警察/独立行政法人国立病院機構/西松建設㈱/関西電力㈱/㈱きんでん/西日本旅客鉄道㈱/㈱エイチ・アイ・エス/㈱ガリバーインターナショナル　他

摂南大学

Philosophy

(2011年6月15日)
総合大学のメリット生かす
社会のニーズ 学生の可能性 学部横断型プロジェクトを推進

　「知のネットワーク」としての総合大学を目指す。摂南大学（今井光規学長）は7学部、学生数約8,000人の関西の中規模大学。「どの学部に属していても、大学の中を自由に横断して、未知の世界を訪問し、知の多様性を体験することができます」とアピールする。きめ細かい就職指導で成果をあげてきたが、2010年から文部科学省の「大学生の就業力育成支援事業」に採択された「キャリア・フライデー」という独自プロジェクトを展開している。様々な大学改革に取り組み、学生の活発な地域連携活動やボランティア活動などを反映して「つねに動きのある元気な大学」と言われる。12年には看護学部を開設、既設の理工学部生命科学科や薬学部との連携でライフサイエンス分野の基礎研究から臨床研究までできるようになる。「動きのある元気な大学」のこれまでとこれからを、「一人ひとりに似合う総合大学にしたい」という元気な学長に聞いた。

きめ細かな就職指導 キャリア・フライデー展開

　摂南大学は、1922年に創設された関西工学専修学校を発祥とする㈻常翔学園が運営し、75年、大阪工業高等専門学校を発展させる形で開設された。
　当初は工学部（土木工学科、建築学科、電気工学科、機械工学科、経営工学科）のみの大学だったが、1982年、国際言語文化学部、経営情報学部、83年、薬学部、88年、法学部を増設、2005年、国際言語文化学部を外国語学部に名称変更。10年、経済学部を増設、経営情報学部を経営学部に名称変更、工学部を理工学部に改組した。12年には看護学部（看護学科）を増設。これらにより、現在、7学部13学科を擁する関西有数の総合大学に。薬学部・看護学部が枚方キャンパスに、大学の主要な事務組織とその他の学部は寝屋川キャンパスにある。
　学長の今井が大学を語る。「スマートでヒューマンな大学を目指しています。慣例に捉われることなく、知的専門職業人の育成、社会的ニーズの高い教育・

研究、多様な社会貢献活動に取り組んでいます。学生には、豊かな人間性と揺るぎない倫理観を身につけてほしいと指導しています」

こう続けた。「総合大学のメリットを生かすべく、教育・研究、地域貢献が一体となった学部横断型プロジェクトを推進しています。社会のニーズに応えるとともに学生の可能性を広げることがねらいです」

学部横断型プロジェクトは、全学部の学生が参加する「フォーミュラプロジェクト」や学生・教職員が先端教育を他学部学生や地域住民にわかりやすい言葉で定期的に講演する「最先端研究フォーラム」がある。

2012年4月に看護学部を新設。「本学の強みである薬学部と同じ枚方キャンパスに開設。既設の薬学部との教育・研究におけるシナジー効果を期待しています。薬学に強い看護師を育成したい」

「キャリア・フライデー」プロジェクトのキャッチコピーは「摂南大学の金曜日はキャリアの日」。キャリア科目を金曜日に集中配置することで、学生及び教職員のキャリア意識を高めるのがねらい。

学生の就職状況については、2012年度の就職率は95.7%、就職満足度は97.3%。「就職率、満足度ともに全国でもトップクラスです。学生一人ひとりの個性に合わせた指導で、就職と資格取得をサポートしてきました」

今井が「キャリア・フライデー」を説明する。「これまでも教育活動の中で就業力向上に向けた取り組みを実践してきたが、専門教育、教養教育と就職指導の連携が十分に機能していると言えず、プロジェクトを構築することになった。学生の就業力と就業意欲の飛躍的向上と大学構成員の支援意識向上を目指す」

具体的な取り組みは?「キャリア科目数を大幅に増やし、専門、教養に次ぐ3番目の群として『キャリア形成科目群』を独立。コア科目を必修化し、進級、卒業に必要なキャリア科目単位数を定め、学生全員にキャリア教育を行います」

さらに、入学時及び各学年進級時にプレイスメントテストを実施し、就業力の変化を可視化。優れたキャリア教育経歴があり、実社会でも採用や社員研修の実施経験のある人材を専任教員として採用するなど多彩に取り組む。

「つねに動きのある元気な大学」について聞いた。まず、地域貢献。2010年3月、和歌山県すさみ町と包括連携を締結、町の活性化のために学生の力を活用するPBL型プロジェクトが始動。「学生は自ら課題を発見し解決する能力を磨くことができ、地域貢献だけでなく実践教育の面でも成果をあげています」

今井光規　学長

オリックスと連携

2011年、プロ野球球団のオリックス・バファローズと、教育に関する連携協定を締結。「大学の持つ知的資源を地域貢献に結びつける取り組みを促進したいという思いと、地域密着、ファン目線重視という同球団の思いが一致。球団職員による講義を設け、球団による経済活動などを学びます」

市民と薬草見学会

薬学部の附属薬用植物園では、毎年、春・夏・秋に関西一円の市民を対象に「薬草見学会」を開催。総面積約1万m²の敷地に薬草など約1,500種類の植物を栽培。「見学会は毎回、100名を超える応募があるので抽選で実施しています」

地域貢献の形は様々。2011年5月、寝屋川キャンパスで新1号館の竣工を記念した国際シンポジウムを開催。経済学、生命科学、住環境デザイン学の分野でそれぞれ世界的に活躍するサスキア・サッセン教授、ハンス・ウルリヒ・デムート教授、ハッシェム・アクバリ教授の3人を招聘した。「地球と人類が直面する困難な諸問題をテーマに講演してもらいました。本学学生のみならず、他大学や企業、研究者、一般市民の方々なども参加、単なる大学のシンポジウムに終わりませんでした」

学生たちも、「つねに動きのある元気な大学」を実践している。東日本大震災では、早い時期に大学独自の取り組みとして「ランドセルプロジェクト」を展開した。「枚方市内の家庭からランドセルをご提供いただき、本学の教員、学生らが修理し、同市内の小学生らの手紙を添えて被災地に届けています」

文科省の「グローバル人材育成推進事業」では、同大の「人間力育成のため

のPBL型実践教育」が採択された。「PBL型実践教育という問題解決型授業で、多くの学生が在学中に青年海外協力隊の採用試験に合格。過去5年間に28人が開発途上国で活躍しています」

　大学や専門学校などでデザインを学ぶ学生が感性と想像力を競う2011年の「第43回毎日・DAS学生デザイン賞」では、建築部門で、同大大学院生（当時）の北川真梨が部門賞に輝いた。「非常に権威のあるコンテストで部門賞を獲得したのは本人だけでなく大学にとっても栄誉です」。今井は顔をほころばせた。

女子学生増やしたい

　「北川さんのように女子学生の活躍はうれしい。今後、女子学生を増やしていきたい。看護学部には、そうした期待もあるが、近い将来、もう1学部つくりたい。中規模の総合大学として、一人ひとりを指導、きめ細かな教育研究のできる、ちょうどいい大きさの大学になる」

　今井には、総合大学へのこだわりがある。こう結んだ。「大学全体が一つの生き物のように、温かい血を通わせ、心を通わせ、熱い思いを通わせている。まだ完全とは言えないが、この素晴らしい個性をさらに強めていきたい」。総合大学のメリットを生かして発展させる、という強い意思がみなぎっていた。

Information

ホームページ	http://www.setsunan.ac.jp/
研究情報	研究者情報データベース（研究業績検索システム） http://gyoseki.ofc.setsunan.ac.jp/
産学連携情報	http://www.setsunan.ac.jp/chiiki-kenkyu/
キャンパスの様子	キャンパスマップ http://www.setsunan.ac.jp/aboutus/campusmap/#/neyagawa/view3

現代の志塾
多摩大学

多摩キャンパス

◎学生：2,060名
◎教員：専任57名
◎職員：常勤46名
◎学費：初年度納入金
　経営情報学部 1,350,000円
　グローバルスタディーズ学部 1,430,000円
◎学部：
　[経営情報学部]
　　経営情報学科
　　マネジメントデザイン学科
　[グローバルスタディーズ学部]
　　グローバルスタディーズ学科

【大学データ】
◎学長：寺島実郎
◎住所：[多摩キャンパス]〒206-0022
　東京都多摩市聖ヶ丘 4-1-1
　[湘南キャンパス]〒252-0805
　神奈川県藤沢市円行802
◎電話：[多摩キャンパス] 042-337-1111
　[湘南キャンパス] 0466-82-4141
◎設立：1989年

【大学情報】

入学・修学

「現代の志塾」を標榜し、建学の精神に「国際性」「学際性」「実際性」を掲げ、実学教育を重視し、アジアダイナミズムを直視しながら、ローカルを掘り下げてグローバルにつなげる「グローカリティ」の探求を基軸としている。志ある学生を求めて、チャレンジAO入試、公募制・指定校・附属系列推薦入試、一般入試、センター試験利用入試、留学生・帰国生入試、社会人AO入試など多様な入試を実施。時代の課題に立ち向かう問題意識と解決能力を持つ人材の育成のため、ゼミなどの少人数の手作り教育により教育を展開し、キャリア指導を実践している。

外部連携

2010年10月、多摩市・多摩大学・多摩信用金庫の3者にて、事業運営のための包括協定を締結。11年10月、藤沢市と、市に立地する各大学が、湘南藤沢コンソーシアムを設立し、包括協定を締結。

主な就職先（過去2年間）

㈱星野リゾート/高梨乳業㈱/鈴与シンワート㈱/㈱JTBコーポレートセールス/富士屋ホテル㈱/㈱ソニー・ミュージックエンタテインメント/日本通運㈱/日本マクドナルドホールディングス㈱ 他

119

Philosophy

(2011年2月16日)
「現代の志塾」を目指す
5代目は寺島実郎「実学教育を深化させる」

　学長を前面に押し立てる。多摩大学（寺島実郎学長）は、初代学長の野田一夫が「世間の常識が通用する大学」を目指して開学。以来、歴代学長が大学の歴史を築いてきた。2009年の開学20周年に就任した第5代学長の寺島は、新たな改革に乗り出した。開学以来、実践してきた実学教育をさらに深化させるため「今を生きる時代についての認識を深め、課題解決能力を高める」を新しい時代の実学と再定義。大学の教育理念を改めて「現代の志塾」と定めた。志の失われた時代に、幕末の松下村塾（吉田松陰）、適々斎塾（緒方洪庵）、咸宜園（廣瀬淡窓）など志の高い有為の人材を輩出した私塾の現代版を目指す。学生数約2,000人という新しく、小さな大学だが、休講禁止、実業界出身の教授陣、就職率の高さなどを特色としてきた。そんな多摩大学がいま一度、変貌しようとしている。第5代学長の寺島による新たな改革の内容やこれからについて学長室長に尋ねた。

学長力で牽引　歴代学長は著名人

　多摩大学は2学部の大学。緑萌える自然豊かな東京都多摩市の丘陵に経営情報学部、神奈川県藤沢市にグローバルスタディーズ学部がある。

　1989年、学校法人田村学園を母体として開学した。93年、社会人向け大学院（経営情報学研究科）を開設。2007年、グローバル人材の育成を目指してグローバルスタディーズ学部を開設。

　多摩大のHPのトップページをみると、大学がよくわかる。学長の寺島を真ん中に周囲を学部、大学院、教授陣、講義内容、附属研究所から入試や重点高校、さらに、就職、地域貢献、同窓会などが取り囲んでいる。全体像とともに、何に力を入れているのか、一目瞭然だ。

　初代学長の野田から寺島まで、著名な人物が学長に就任、大学を牽引して

きた。野田は経営学者で、ピーター・ドラッカーを日本に初めて紹介したことで知られる。学長室長の久恒啓一(経営情報学部教授)が野田の改革を説明する。

久恒啓一　学長室長

「全学レベルで年間講義計画をシラバスとしてまとめ、発行したのは日本の大学では最初でした。全教員に年間講義計画の確実な履行を求め、学生からの授業評価システムは開学時から全学レベルで行われています」

野田は「大学は知識産業としてのサービス業」をモットーに各界の著名人を教員に招くなどの新基軸を打ち出した。これらは受験生や父兄に大きな反響を呼び、開学時の入試の競争率は33倍にもなった。

第2代学長の中村秀一郎は病気のため惜しまれながら短期で退任。第3代学長のグレゴリー・クラークは、英語教育、国際化教育に力を入れた。一方で、「受験英語」は不要だとして、大学入試科目の英語を必修から外すなどで話題を呼んだ。

第4代学長の中谷巌はハーバード大学経済学博士で経済学者、専門はマクロ経済学。自己発見力の大事なことを学生たちに説いた。また、クラークの外した大学入試科目の英語を就任時に必修に戻した。

寺島は学者にとどまらず、日本総合研究所理事長、三井物産戦略研究所会長、文科省中教審委員、総務省グローバル時代におけるICT政策に関するタスクフォース国際競争力強化検討部会座長など活躍の場は広い。政官財界はもとより海外や学会、マスコミなどに幅広い人脈を持つ。

大学人としての寺島。久恒が「学長が主宰するリレー講座とインターゼミが大学人・寺島を象徴しています」と話す。

寺島が監修するリレー講座「現代世界解析講座」は、2013年度で6年目。春と秋の2回の計24回、寺島と彼の人脈の大学教授や作家、評論家が講演。一般300人、多摩大生200人が受講する。

「学生には、時代に発信する識者の生の声を聞いて現代世界を生きるヒントを得てもらいたいという意図、社会人の方には大学と地域社会の壁を越えて、大学が発信できるものを伝えたいという意図が、次第に定着してきたと思う」（寺島）

インターゼミは、「社会工学研究会」として、年次や学部に関係なく学生30人を選抜。教官を11人配置して、学生を7人程度のグループに分けて課題を設定、1年間かけて共同研究を行う。

寺島の描く大学。「『人間を育てる教育の場』としての大学を探求していきたい。教員を中心とする研究の場であるよりも、一業を成したいと志す人間の基盤能力を育てる場を目指す。時代環境に受身で生きるのではなく、自分のテーマを発掘して挑戦しようとする学生を鍛える場を志したい」

寺島の大学改革。「『現代の志塾』という教育理念に沿って学内組織はそれぞれの教育目標を定めた。経営情報学部は産業社会の問題解決の最前線に立つ人材を育てる、グローバルスタディーズ学部はグローバルな問題を解決でき、グローバルな舞台で活躍できる人材を育てる、としました」と久恒。

具体的には？　久恒が続けた。「学長が新しく始めたものは、高校生に対する『志小論文コンテスト』の実施、志ある人材を選抜する志入試、地域ゼミの強化、そして、志を育む教育プログラムの再構築（カリキュラム再編）などがあります」

2012年の志小論文には全国の高校生から1,553件の応募があった。カリキュラム再編で、特に注力しているのは①実学に基づく問題発見力の養成②志を伴った問題解決力の養成③少人数によるコミュニケーション力の養成④社会・地域へ自ら働きかける力の養成。

社会貢献、地域貢献も多摩大の色が濃い。多摩地区を生活、実業、研究、教育の現場として読み直す「多摩学」の研究もそうだ。学内の教職員でつくる多摩学研究会では、「多摩とアジア」、「思想としての多摩」、「多摩地区の雇用力と採用実態」等をテーマに研究し、発表している。

これらの先にある出口も「志」が関わる。「問題解決力の高い卒業生を、多摩地区を中心とする志ある企業に就職させたい。大中華圏を中核とするアジア・ユーラシアダイナミズムの勃興という新しい時代に参画してもらいたい」と寺島。
　学長効果について。「大学の最良の最高の広告塔です。学長の教育への熱意、問題解決力に教職員は日夜引っ張られています。受験生も増えていますが、父親が寺島さんをよく知っていて『ああした人のいる大学で学んだら』と薦めているようです」と久恒。
　カリスマ学長とも言える寺島後が心配だが？「着手した改革を変えることなく、実現して次に渡すのではないでしょうか。教育に対する志はもちろん、改革の足跡は残るし、全く心配していません」と久恒は冷静に答えた。
　寺島の目は常に世界を向き、学生を見つめている。「いま、新たな世界秩序とその中での日本の役割を模索せざるを得ない局面にある。経済活動の現場も教育の現場も、新しい時代の課題に果敢に挑戦する人間を求めている。こうした時代の『一隅を照らし』、次なる時代を支える人間を育てることこそが大学の使命である」

Information

ホームページ	http://www.tama.ac.jp/
研究情報	教員紹介[業績公開]　http://www.tama.ac.jp/guide/teacher/index.html 研究　http://www.tama.ac.jp/research/index.html
地域連携 産学連携情報	http://www.tama.ac.jp/guide/managementcenter.html
キャンパス情報	在校生メッセージ　http://www.tama.ac.jp/kokorozashi/index.html 卒業生メッセージ　http://www.tama.ac.jp/interview/index.html 学生ジャーナル　http://www.tama.ac.jp/guide/journal.html キャンパス紹介　http://www.tama.ac.jp/guide/campus/index.html

TDU 東京電機大学

技術は人なり

都市型キャンパスの未来形: 東京千住キャンパス

◎設立：1907年
◎学生：10,616名
◎教員：430名
◎職員：186名
◎学費：初年度納入金
　未来科学部・工学部1,590,800円(建築学科のみ1,630,800円)
　工学部第二部 415,400＋(12,000×履修単位数)円
　理工学部 1,570,800円
　情報環境学部 1,102,800＋(15,700×履修単位数)円
◎学部：
　[工学部]電気電子工学科／環境化学科／機械工学科／情報通信工学科
　[工学部第二部]電気電子工学科／機械工学科／情報通信工学科
　[未来科学部]建築学科／情報メディア学科／ロボット・メカトロニクス学科
　[理工学部]理工学科
　[情報環境学部]情報環境学科

【大学データ】
◎学長：古田勝久
◎住所：[東京千住キャンパス]
　〒120-8551 東京都足立区千住旭町5
　[埼玉鳩山キャンパス]〒350-0394
　埼玉県比企郡鳩山町石坂
　[千葉ニュータウンキャンパス]〒270-1382
　千葉県印西市武西学園台2-1200
◎電話：03-5284-5120

【大学情報】

入学・修学

志願者数は5年連続増加。一般・センター入試で約21,500名に達した。2012年春の東京千住キャンパス開設、きめ細かな学生募集活動、不況による理工系人気の回復などが背景に考えられる。

外部連携

理工系ならではの技術交流を軸に展開。東京千住キャンパスでは、足立区と連携して使用されなくなった中学校を活用した創業支援施設「かけはし」を運営するほか、埼玉では理工学部と「TDU産学交流会」が、千葉の情報環境学部では「NPO法人TDUいんざいイノベーション推進センター」と交流会等を通し会員企業様と連携を深めている。また自治体とは防災に関する協定を結ぶほか、学園祭でも地域交流が図られている。

主な就職先(過去2年間)

三菱電機㈱／東日本旅客鉄道㈱／㈱日立製作所／ヤフー㈱／サンデン㈱／㈱日立システムズ／エヌ・ティ・ティ・コムウェア㈱／トヨタ自動車㈱／本田技研工業㈱／NECソフト㈱／みずほ情報総研㈱／大林組／ミネベア㈱／いすゞ自動車㈱／日本電気㈱／㈱富士通エフサス／㈱インテック　他

Philosophy

(2011年8月24日)
千住移転でルネッサンスと進化
実学尊重　学生主役　技術力で社会に貢献

　都心回帰ではなく都心内移転でルネッサンスと進化を期す。東京電機大学（TDU・古田勝久学長）は、2012年、創立の地の神田にある本部と学部・大学院を足立区千住に移転した。北千住駅東口のJT社宅跡地に新キャンパス「東京千住キャンパス」が誕生。未来科学部、工学部、工学部第二部と関連大学院の約5,000人の学生が移転した。前身の電機学校は、"社会の第一線で活躍する技術者の育成"を旨とし創立された。以来、「実学尊重」を掲げ、技術で社会に貢献できる人材を育成、多くの卒業生が社会で活躍してきた。東京千住キャンパスの創設にあたって掲げたスローガンは「TDUルネッサンスと進化」。「実学尊重」が建学の精神で、「技術は人なり」が教育研究の理念。科学技術の急速な発展、社会構造の変化といった情勢を踏まえ、これまで以上に社会に貢献できる大学を目指す。改革の歩みとキャンパス移転という大改革のねらいを学長に聞いた。

就職に強い大学　多くの卒業生が活躍

　東京電機大学は、1907年、若い技術者の廣田精一と扇本眞吉が「最新の電気や機械を扱える技術者育成」を目的として創立した電機学校が淵源である。49年、学制改革により東京電機大学（工学部第一部電気工学科・電気通信工学科設置）を開設した。

　開学当時、教科書は英文の専門書しかなかった。そこで、電機学校では、独自の教科書を作成、通信教育も開始し、出版局を設立。1914年、出版局の雑誌部が独立し、オーム社となった。同社は、現在、エレクトロニクスを含む理工学関連の出版社として知られている。

　さて、改革は70年代からスタートする。1977年、埼玉鳩山キャンパスを開設、理工学部を設置。2000年、理工学部に情報社会学科、生命工学科を、01年、

工学部第一部に情報メディア学科、千葉ニュータウンキャンパスに情報環境学部を設置した。07年の改革は画期的だった。工学部第一部を改編し、新たに工学部、未来科学部を神田キャンパスに開設。5学部12学科を有する"理工系総合大学"に。現在、東京神田、埼玉鳩山（比企郡鳩山町）、千葉ニュータウン（印西市）の3つのキャンパスに約11,000人の学生が学ぶ。

学長の古田が改革を説明した。「2007年の改革は創立100周年を機に行ったもので、教育や科学技術の動向を捉え、次の100年を見据えての全学的な改編でした。工学部は安全で快適な社会の発展に貢献、未来科学部は未来の生活空間をデザインするのが目的です」

古田が教育について語る。「本学は、『技術で社会に貢献する人材の育成』を使命に、『実学尊重』、『技術は人なり』、『学生主役』を大学の教育・研究理念としてきました。充実した実験・実習科目を備え、産学協同プロジェクトやインターンシップにも積極的です」

具体的には？「社会の変化に柔軟に対応できる科学技術者を育てるためには、何より基礎が大切です。学部・学科・学系・コースでの基礎教育をさらに充実させて、積極的に時代の要請に応えていきたい」

基礎教育の一環として力を注いでいるのが、「フィールド教育」や「フォーミュラSAEプロジェクト」「IDCロボコン」など。「こうした国際的なコンペティションへの参加は、学生のコミュニケーション力などを鍛える場となっています」

IDCロボコンは、同大を含む各国の学生が混成チームをつくり、10日間でロボットをつくる競技会。「海外諸国の学生との共同作業は学生が大きく伸びる契機になっています。2012年度は東京千住キャンパスで開催されました」

産学協同プロジェクトについて続けた。「情報環境学部では企業から与えられる研究テーマに挑む『プロジェクト科目』を通じて、企業との共同研究の場にも学生たちを参加させています。技術で社会に貢献する人材の育成につながると確信しています」

東京千住キャンパスは、神田キャンパスの2.59倍の26,221㎡。最先端の技

術を集約したエコキャンパスという。北千住駅から徒歩1分と駅と指呼の間にある。千住移転＝TDUルネッサンスと進化について話す。

「最新設備を備えた世界トップレベルの教育と研究の場であるとともに地域社会との連携にも寄与する新たな大学像をここから発信したいと考えています。理工系総合大学として日本の技術社会に寄与し社会的役割を果たしたい」

古田勝久　学長

東京千住キャンパスは門や柵がない。「コミュニティ広場やカフェ、図書館などは地域の住民に開放するつもりです。地域社会の一員として開かれた大学を目指しています」

遠くから見ると、建物の一部に小さな四角い空間がある。「それは、『アゴラ』です。学生らが集い、活発な意見を交わすことで新たな考えや価値を生み出す空間です。キャンパスの各所に配置してあります」

新キャンパス移転に合わせて、教育力、就業力の強化を図る。その前段として2011年度から学内に「教育改善推進室」を設けた。学部・学科を横断して、情報を共有する取り組みを全学で実施する。

「まず着手したのが基盤教育の一層の強化です。さらに、専門基礎教育のほかに問題解決能力とコミュニケーション能力を培う選択科目『PBL』を設けました。これによって、対人交流をスムーズにし、専門領域を越えて議論する場でも対応できる技術者を育てたい」

理工系大学の中でも就職に強い大学と言われている。卒業生アンケートでは、約80％の学生が第一志望、または第二志望の企業に入社。就職先満足度は約95％と高いという。「就職先は、一部上場企業が多く、他大学と比較しても就職率は群を抜いていると言えます。学生の就職率は高く、毎年コンスタントに90％以上の学生が就職しています」

その秘密は？　文科省の2010年度「大学生の就業力育成支援事業」で、同大の「3つの力で就業力を育成する教育プログラム」が採択された。3つの力は、

人間力、社会人基礎力、実学的即戦力だ、という。
「このプログラムに沿って、2011年度入学生から、1年次科目にフレッシュマンゼミ、2年次科目にキャリアワークショップ、3・4年次科目にTDUプロジェクト科目を開講して就業力を育てています」
リケジョ（理系女子）について尋ねた。「現在、女子は全体の1割。これを2割に増やしたい。建築、環境、生命理工といった分野は女子にも人気があります。女性の感性でTDUに新しい風を巻き起こしてほしい」
「グローバル化に向けて、留学生数は2020年に学生数の5％にしたい」と付け加えた。その上で、「TDUはインテリジェント・ユニバーシティを目指す」と述べた。それは？「産業連携協力、社会との連携協力により、教育・研究内容を社会及び科学技術の変化に適応し、技術で社会貢献できる人材の育成です」
最後に、こう語った。「科学技術はいま、産業界はもちろん、企業経営や経済、政治にもなくてはならないものになっています。この視点に立って、理論と実学を併せ持つ視野の広い技術者、世界に通用する技術者を育てていきたい」
「技術は人なり」という理念、「技術で社会に貢献する人材の育成」という東京電機大学の使命は時代が変わろうと微動だにしない。

Information

ホームページ	http://web.dendai.ac.jp/
研究情報	http://kenkyu-k.dendai.ac.jp/?page_id=97
産学連携情報	http://www.dendai.com/

社会に貢献できる人材の育成

東北薬科大学

キャンパス全景

【大学データ】
- 学長：高柳元明
- 住所：〒981-8558
  宮城県仙台市青葉区小松島4-4-1
- 電話：022-234-4181〈代表〉
- 設立：1939年
- 学生：2,094名　※2013年5月1日現在
- 教員：118名
- 職員：50名

◎学費：初年度納付金
[薬学科]
入学金 400,000円
授業料 1,300,000円
施設設備費 525,000円
合計 2,225,000円
[生命薬科学科]
入学金 350,000円
授業料 1,080,000円
施設設備費 350,000円
合計 1,780,000円
◎学部：
[薬学部]
　薬学科
　生命薬科学科

【大学情報】

入学・修学

創設以来、建学の精神「われら真理の扉をひらかむ」に基づく教育研究を展開し、医療及び地域の発展に貢献する人材を輩出してきた。2013年4月に私立薬科大学では全国初の附属病院「東北薬科大学病院」を開設。就職指導では、学生、配属教室責任者、就職部の三位一体によるスクラム体制で行われ、豊富な情報収集やガイダンスを通じて就職活動をサポートしている。学内で実施される合同企業説明会には製薬会社、病院、薬局など県内外から多くの企業が参加。社会からの期待はますます高まっている。

主な就職先(過去2年間)

アステラス製薬㈱／第一三共㈱／大塚製薬㈱／協和発酵キリン㈱／大日本住友製薬㈱／ノバルティス ファーマ㈱／バイエル薬品㈱／小野薬品工業㈱／大鵬薬品工業㈱／東北大学病院薬剤部／国立病院機構北海道がんセンター／北海道大学病院／国立病院機構仙台医療センター／山形大学医学部附属病院／筑波大学附属病院／鶴岡市立庄内病院／秋田県立脳血管研究センター／福島県立医科大学／東北薬科大学病院／岩手県医療局／宮城県職員／福島県職員／MSD㈱／ニプロファーマ㈱／日新製薬㈱／㈱シード／㈱ライファ／㈱カワチ薬品　他
(2013年3月卒業生実績・単年度)

Philosophy

(2011年3月23日)
東北の薬学教育をリード
薬学6年制に伴い改革　2学科制、最新機器設置

　薬科系大学は新しい時代に突入した。2006年から薬学6年制という戦後最大の改革が実施された。東北薬科大学(高柳元明学長)は、私立薬科大学では唯一の附属癌研究所(現在は分子生体膜研究所)を設立、私立薬科大学では最初の大学院の設置など改革の歴史を持つ。薬剤師国家試験の合格率は、薬学部がある全国の大学の中でも上位。就職難と言われる中、高い求人倍率・就職率を誇る。創立70周年記念事業に、新キャンパスを整備、モダンでアカデミックな建物、最新の機器・設備を取り入れた研究施設ができた。薬学6年制に伴い、06年から生命薬科学科(4年制)・薬学科(6年制)の2学科制をとる。5年前から卒業生を出す生命薬科学科の就職率は100％、来年、卒業生を出す薬学科の薬剤師国家試験合格率や就職率に関心が集まる。伝統を誇る研究・教育、薬剤師国家試験と就職、新キャンパスや薬学部の将来などを学長に聞いた。

モダンなキャンパス　高い就職率を誇る

　東北地区の薬学教育を長年リードしてきた。東北薬科大学は1939年に設置された東北薬学専門学校が前身。49年、新制大学に移行、東北薬科大学(薬学部薬学科)となった。62年、大学院修士課程開設(薬学研究科)、64年、大学院博士課程開設(同)を設置した。

　学長の高柳が大学の歴史を語る。「大正期から昭和初期にかけて、仙台にあった国立薬学教育機関が廃止されたあと、東北・北海道に薬学教育体制が存在しない時代がありました。東北薬学専門学校は、東北地方に薬学教育機関を設立することを目的に誕生しました。現在も『東北地方の薬学教育・研究の先導的役割』を掲げています」

　正門から入ってキャンパスモールの正面に見えるのが2006年に完成した教育研究棟。モダンで先進性に富んだ建物に圧倒される。学内には「われら真理

の扉をひらかむ」という大学創設者、高柳義一の言葉を刻んだ「開真の碑」がある。

1965年、衛生薬学科、71年、製薬学科を増設。2006年、学科を再編、6年制の薬学科と4年制の生命薬科学科の2学科体制へ移行した。現在、1学部2学科に約1,700人の学生が学ぶ。

高柳元明　学長

「開学以来、基礎系学問の研究にも傾注してきました。私立薬科系大学では文科省などの科学研究費獲得でも上位にいます」と高柳は述べる。

2009年度の文部科学省の学生支援推進プログラムに「薬学部4年制学科の学士力向上を目指したキャリア形成教育」の取り組みが採択された。新しいキャリア形成教育に基づく学士力の確保と学生の個性を生かした就職支援プログラムである。

2010年度の文科省の「大学教育充実のための戦略的大学連携支援プログラム」に9つの薬系大学・薬学部とともに申請した「大学連携による6年制薬学教育を事例とした標準的な基盤教育プログラムの開発」が採択された。

さて、薬学6年制について、高柳が総論を話す。「薬学6年制は、チーム医療など医療の高度化に伴い、医療人としての薬剤師養成を強化するために採用されました。しかし全ての旧帝大は『6年制だけだと研究者が育たない』として4年制を設置しましたが、薬学部を持つ私立大学57のうち4年制をつくったのは、わずか12校だけです」

続けて各論。「6年制は卒業が2年延びたことで学費が1.5倍になりました。現在、薬学部は9年前の小泉政権の規制緩和策による薬学ブームで2倍に増え、18歳人口の減少もあり、定員割れを起こす大学も出ています」

東北薬科大は、生命薬科学科と薬学科の2学科制の英断を下した。「薬学科は、社会に貢献できる薬剤師の養成、生命薬科学科は、基礎薬学を土台に医学と薬学の2つの領域にまたがる生命科学の高度な専門知識を修得させるのが目的です」

先に卒業生を出した生命薬科学科の就職はよかったとか？「1、2回生とも就職率は100％でした。製薬会社、食品や化粧品などの会社で薬の専門家として業務に就いている学生が多い」
　薬学科のほうはどうか？「2012年の春に初めての卒業生を出しましたが、薬剤師国家試験合格率をよくしようと全学挙げて取り組んでいます。これまでの合格率は維持できると確信しています」
　薬剤師国家試験合格率は、新卒でずっと90％前後を保ってきた。就職難と言われる時代が続く中、就職は好調に推移。それは求人件数からも明らかだ。2008年度の求人件数は1149件、就職(進学)率99.6％と高い。
　経済誌や週刊誌の「就職ランキング」でも、理系の大学では北海道・東北地区では1位、全国で10位(週刊東洋経済2012年10月27日)、大学専門誌の「就職率が高い大学(院卒含む)」では全国で7位、女子就職率上位50大学では4位となっている。

就職指導は三位一体

「就職指導は、学生、配属教室責任者、就職部の三位一体で行っています。学生の能力と適性、将来の志向をしっかりと見つめ、豊富な情報収集やガイダンスを通じて就職活動をサポート。入学後の早い時期から製薬工場、調剤薬局や病院、保健・福祉施設等を見学する『早期体験学習』を実施しています」
　薬学6年制と歩調を合わせるように、2009年、新キャンパスが完成。中央棟は、1階に、様々な学生相談に応える事務室、就職情報コーナー、保健管理センターなどを設置。教育研究棟にある臨床薬剤学実習センター（模擬薬局）は、実際の病院薬局、保健薬局さながらの環境を備えている。
　薬学科の5年次に行われる「共用試験」に備え、図書館・情報センターの2階には、180台のコンピュータ環境を備える情報教室や自習室を設置。ポストゲノム研究の拠点となる「分子生体膜研究所」をはじめ、先進の機器・設備を取り入れた研究施設もでき上がった。
　こうした最新の教育研究施設が、「大学のこれから」を支える。「薬学6年制は

高度医療の技術を持つ薬剤師を育てるという面から医療現場には役立つはず。この目的を果すために研究施設を整備しました。薬学系大学ではトップクラスの施設と自負しています」と高柳。

生命科学研究の拠点

分子生体膜研究所は、1959年に開設された癌研究所を引き継いだ。ポストゲノム時代における生命科学研究を本格的に探求する拠点。同研究所の共同研究プロジェクト「生体膜の糖鎖機能と疾患に関する薬学的研究」は06年度から文科省の学術フロンティア推進事業に選定された。

創薬研究センターは、2005年度の文科省のハイテク・リサーチ・センター整備事業に採択された「分子標的制御によるがん・加齢性疾患および難治性疼痛制御の研究」を学内共同研究で行う。これを発展させた「癌および加齢性疾患の制御とQOL向上を目指す創薬」研究は10年度の文科省の私立大学戦略的研究基盤形成支援事業に採択された。

大学のランドマークと言える教育研究棟の名称は「VERITAS（ウェリタス）」。ラテン語で真理を意味する。大学創設者、高柳義一の言葉である「われら真理の扉をひらかむ」と重なり合う。

学長の高柳は、真理の探究をしきりに語った。「真理の探究は、まさに大学の使命である教育・研究の原点で、この建学の精神は今後も薬学教育・研究において取り組む姿勢と努力を求め続けるものです」

高柳の言葉には、こんな思いが込められている。東北薬科大学は、薬学部が新しい時代に突入した中、真理の探究という建学の精神は不変である——と。

Information

ホームページ	大学 http://www.tohoku-pharm.ac.jp 病院 http://www.hosp.tohoku-pharm.ac.jp

かなえるチカラ

徳島文理大学

徳島キャンパス

◎学生：4,887名 ※2013年5月1日現在
◎教員：358名 ※2013年5月1日現在
◎職員：90名 ※2013年5月1日現在
◎学費：初年度納付金
　1,2500,000 ～ 2,270,000円
◎学部：
　[薬学部]薬学科
　[人間生活学部]食物栄養学科/児童学科/心理学科/
　　メディアデザイン学科/建築デザイン学科/人間生活学科
　[保健福祉学部]理学療法学科/看護学科/人
　　間福祉学科/診療放射線学科/臨床工学科
　[総合政策学部]総合政策学科
　[音楽学部]音楽学科
　[香川薬学部]薬学科
　[理工学部]ナノ物質工学科/機械創造
　　工学科/電子情報工学科
　[文学部]文化財学科/日本文学科/
　　英語英米文化学科

【大学データ】
◎学長：桐野豊
◎住所：[徳島キャンパス]〒770-8514
　徳島県徳島市山城町西浜傍示180
　[香川キャンパス]〒769-2193
　香川県さぬき市志度1314-1
◎電話：[徳島キャンパス] 088-602-8000
　[香川キャンパス]087-894-5111〈代表〉
◎設立：1895年

【大学情報】

入学・修学

学生一人ひとりを大事に教育をする「大きくて小さい大学」を実現するために、学習ポートフォリオを導入。入学から卒業までの修学状況や学生の目標達成に向けた取り組み、活動記録を積み重ねていくことができる。また、編入学や科目等履修生など多様な入試で、学びたいという意欲のある人をサポートしている。

外部連携

アジア、オセアニアやヨーロッパ、北米各地に26の協定校を持ち、留学生の派遣や受け入れ、客員教授の招待や共同研究を通して国際交流を深める。また、グローバル社会に対応できる新の国際人を育てるための取り組みにも力を注ぐ。

主な就職先(過去2年間)

徳島県庁/香川県庁/松山市役所/一般社団法人徳島新聞社/教員/徳島大学病院/㈱阿波銀行/日亜化学工業㈱/大塚製薬㈱/㈱四電工/㈱百十四銀行/日清医療食品㈱/㈱山陽マルナカ/㈱ロックフィールド/商工組合中央金庫/四国テクニカルメンテナンス㈱/三井造船システム技研㈱/徳島赤十字病院/高知医療センター/日本調剤㈱/㈱西日本ファーマシー/日清紡ホールディングス㈱　他

Philosophy

(2011年5月18日)
医療や薬学にも尽力
大きくて小さな大学　多彩な8学部21学科

　校名を凌駕する総合大学である。医療から理工、薬学、文学、音楽、人間生活、総合政策まで多彩な8学部21学科（短期大学部除く）を擁する。徳島文理大学（桐野豊学長）は、創立者の村崎サイが1895年に「女も独り立ちができねばならぬ」と創立した私立裁縫専修学校が淵源である。孫の村崎凡人(ただひと)が、サイの遺志を継ぎ、1949年から学園理事長となり、幼・小・中高・短大・徳島文理大学・同大学院を創立、西日本でも有数の総合大学になった。現在(いま)、文系と理系の学びに加え看護職や理学療法士の養成など医療や薬学にも力を入れる。教育研究施設の充実や資格取得に力を入れ就職に強い大学が売りだ。「大きくて小さな大学」という徳島文理大学の歩みと改革、今後について学長に尋ねた。

建学精神は「自立協同」、就職に強い大学

　「学祖、村崎サイの『女の一生』を語らずには、脈々と流れる建学の精神の真髄はわからないでしょう」と学長の桐野は口を開いた。
　サイは、香川県・小豆島の出身。四書五経、琴を荷車に積んで徳島の地にやってきた。「女に学問など不要とまで言われた時代に学問と芸術を求め、『女も独り立ちができねばならぬ』の精神で本学園を創立しました」
　1895年、私立裁縫専修学校を創立。1924年には徳島女子職業学校を併設。45年、米軍機の徳島空襲の日、爆弾の直撃により校舎とともにサイは殉じた。
　桐野が建学の精神を語る。「村崎サイの唱えた『自立協同』という建学精神に基づき、一人ひとりが自立し、協同して社会に貢献できる人材の育成を目指しています。目指す人物像は、健全な価値観と倫理観をもった良き市民として、良き家庭人として、幸せな人生を追求する努力のできる人々です」
　現在、徳島キャンパスに薬学部、人間生活学部、保健福祉学部、総合政策学部、音楽学部、香川に香川薬学部、理工学部、文学部、保健福祉学部がある。徳

島に3,600人、香川に1,200人の合わせて4,800人の学生が学ぶ。

桐野が大学の特長を語る。「学びのスケールとしては大きくて、かつ、小さい大学。十分な大きさと広がり(8学部21学科)がありながら、学生一人ひとりをきめ細かく見守り育てています」

サイのあとを継いだ村崎凡人は、早大文学部を卒業、国文学者で歌人。早大時代には、山高しげり、赤松克子、市川房枝ら女性運動家らと婦人解放に取り組んだ。第二次世界大戦では、満州、フィリピンに従軍した。

凡人は、復員後、1949年から理事長となり、学園を再建するとともにその近代化に努めた。「学園の中興の祖と言えます」と桐野。61年、徳島女子短期大学を開設、66年に徳島女子大学(家政学部)を創立した。

1968年、音楽学部(音楽学科)を設置。72年には徳島女子大学を徳島文理大学と改称。薬学部を設置。83年には香川キャンパスを開設した。「サイの故郷である香川に学校をつくるのは学園の悲願だった」

凡人のあとは、子である村崎正人が1989年から理事長に。「現理事長は、総合大学としての教育に不可欠な専門分野の優れた教授陣の招聘、教室や実習施設、図書館の建設など教育環境の充実に力を注ぎました」

正人は、1989年、工学部を設置。2000年、総合政策学部を設置。04年には香川薬学部を設置。「当時、四国では徳島を除く3県に薬学部がなく、薬剤師が足りず、県などの要請を受けて設けました」

2008年、保健福祉学部看護学科を設置。10年、保健福祉学部に理学療法学科を設置。「大半の国民が高等教育を受けるユニバーサルアクセスの時代、徳島、香川など地域が求める人材を育てたい」という思いからだった。

正人は、むらさきホールの総合設計を行った。「むらさきホールは、2000年の学園創立110周年記念として徳島キャンパスに造ったコンサートホール。大型キャノピーを日本で初めて、世界では4番目に設置。演奏形態に応じて最適の音響効果が得られる」

桐野に、教育と研究体制を聞いた。同大は、国が支援する文科省の科学研

究費補助金の獲得額は過去4年間、西日本の私立大学の中でトップクラス。「これが示すとおり、教員は自由な発想に基づいた研究に裏打ちされた教育を行っています」

桐野豊　学長

こう続けた。「学生には、教養、専門知識、技能・資格といった、少しでも多くの付加価値を付けて卒業させたい。そのために、2007年度から教育改善に取り組みました。チューター(担任)制度、学習ポートフォリオ、新学務システムなどの導入で、教育の質を検証しながら高めています」

初年次教育にも力を入れる。「徳島文理学」という1年生に学習習慣を身につけさせる授業がある。「初年次教育では教員による支援が不可欠。教員は、学習ポートフォリオの作成を指導し、これを利用することで学生の日常の行動を知ることができ、適切なアドバイスが可能になりました」

さて、厳しい就職戦線の中に高い就職率。「およそ120年の伝統もあり、卒業生の職場での活躍が高く評価されています。きめ細かい就職支援や積極的な企業訪問・求人開拓で、大学で得た専門知識や技術、各種資格を生かし、個性を発揮できるよう、力強い指導・支援を続けています」

具体的には？「特設時間での就職ガイダンスや各学部学科別就職説明会を実施。各学部、学科で専門的な知識や技術を修得して、様々な資格・免許を取得できます。特に、3つのことに力を入れています」

①1年生から就職への意識付けを行い、継続した対策・支援で実践力を養う、②1年生からチューター（担任）教員を配置、将来の進路についても個別に相談でき、学生を精神的に支える、③キャリア・サポートグループを設置、学部・学科ごとに相談員がつき、学生の希望に応じてきめ細かくサポートする——をあげた。

地域貢献はユニークで充実している。徳島県美馬市木屋平地区に2010年4月、「こやだいら薬局」がオープンした。「木屋平地区には20年間、薬局がありま

せんでした。そこで、薬学部の教員、学生が協力して造りました。今後、へき地医療に関する研究の拠点薬局、学生の研修の場として充実させていきたい」

　クラブ活動・サークル活動も活発。徳島と言えば阿波踊り。同大学の阿波踊りのサークルは、毎年4月に行われる「はなはるフェスタ」の阿波踊りコンテストで10連覇を達成中。「阿波踊りの有名連にもひけをとらない実力を持っている」そうだ。

　大学のこれからを聞いた。「地方の活力と地方の大学の繁栄は切っても切れない関係にあります。地域の発展のため、医療保健分野の教育研究、アジア、とくに台湾との教育交流、年配者の学び直しに力を入れたい」

　桐野は「地方の大学が地方を、そして日本を支える意気込みで……」と付け加えた。桐野の言葉にあるように、自立協同を唱え、徳島、香川と地元の教育に尽した村崎サイの地域への愛と学問の志は開学118年を迎えるいまも色あせていない。

Information

ホームページ	http://www.bunri-u.ac.jp/
研究情報	http://www.bunri-u.ac.jp/research/bulletin/
キャンパス情報	徳島文理大学TV http://www.bunri-u.ac.jp/about/podcast/

世界に通用する教育

名古屋商科大学

日進キャンパス

◎学費：
1年次 1,404,000円
2年次以降 1,134,000円/年
◎学部：
　[商学部]
　　マーケティング学科
　　会計ファイナンス学科
　[経済学部]
　　経済学科
　[経営学部]
　　経営学科
　　経営情報学科
　[コミュニケーション学部]
　　英語学科
　　グローバル教養学科

【大学データ】
◎学長：栗本宏
◎住所：〒470-0193
　愛知県日進市米野木町三ヶ峯4-4
◎電話：0561-73-2111
◎設立：1953年
◎学生：3,498名
◎教員：97名
◎職員：54名

【大学情報】

入学・修学

建学の精神「フロンティア・スピリット」のもと、創立当初より高度専門知識と幅広い教養、強い意志とコミュニケーション能力を併せ持つグローバル人材の育成を目指し、国際化を押し進めている。この方針のもと世界標準の教育の質を目指し、2006年に大学評価機関の国際的権威である「AACSB International」の認証を取得。大学院はMBAの認証機関であるAMBA（Association of MBAs）の認証も受けており、世界標準のマネジメント教育を学部・大学院一貫で行っている。

外部連携

海外提携校は現在41か国87校。学生へは海外体験を奨励。留学、インターンシップ、ボランティアなど多彩なプログラムを実施。全プログラムに奨学金を備える。

主な就職先（過去2年間）

第一生命保険㈱/明治安田生命保険(相)/三井住友海上火災保険㈱/㈱佐賀銀行/㈱三重銀行/㈱中京銀行/㈱北陸銀行/㈱北國銀行/瀬戸信用金庫/豊橋信用金庫/浜松信用金庫/野村證券㈱/大和証券キャピタル・マーケッツ㈱/岡三証券㈱/東海旅客鉄道㈱/㈱JALスカイ　他

Philosophy

(2011年1月26日)
国際的認証2つ取得
大学運営に生かす　教育の質保証を実現

　国際的な大学の認証評価に強いこだわりをみせる。名古屋商科大学(栗本宏学長)は、2つの海外の大学評価機関の認証を取得している。「国際化を迎えた時代、大学運営や教育の質保証を保つにはグローバルスタンダードが必須。同時に世界の大学の動きがわかるメリットもある」という。これをバックボーンに教育の質保証のほか、社会人のための大学院教育や国際人を育てるための留学制度の充実などに力を入れる。2011年4月に入学する新入生全員に「MacBook Air」を無償譲渡、希望者には「iPad」を特別価格で提供するなど情報化教育にも熱心だ。こうした改革ときめ細かな進路支援により、高い就職率(93.8%)を実現するなど「就職に強い大学」と言われる。名商大のこれまでの改革と成果、そして、これからを学長に聞いた。

就職に強い大学　情報化教育に傾注

　名古屋商科大学は、1935年に創立者の栗本祐一が創立した名古屋鉄道学校が前身。50年、光陵短期大学を設置。53年、名古屋商科大学(商学部商学科)を開学。68年から日進キャンパスに移転を開始した。

　90年代からの動きが目覚ましい。85年に学生への在宅学習用パソコンの無償譲渡を開始、90年以降は新入生全員に無償譲渡。92年、在宅学習用パソコンにアップルコンピュータを正式採用。98年、外国語学部を開設。01年、商学部を総合経営学部と経営情報学部に改組した。

　2010年には「原点回帰」をコンセプトに学部再編を行い、商学部を復活させ、コミュニケーション学部を新設。現在、経済学部、経営学部、商学部、コミュニケーション学部の4学部7学科に3,800人の学生が学ぶ。

　学長の栗本が大学を語る。「日本では大学を選ぶ基準として、偏差値を尊重する傾向にあるが、大切なのは教育の質。本学は、偏差値至上主義ではなく、

名古屋商科大学

グローバルスタンダードの時代にふさわしい大学、つまり学士力を保証する大学を目指しています」

国際的な認証評価は、こうだ。2006年、国際的な大学評価機関AACSB（アメリカ）から慶應義塾大学に次いで国内2番目の正式認証を受ける。08年には、別の国際的な大学評価機関AMBA（イギリス）から国内初の正式認証を受ける。

栗本宏　学長

いうまでもないが、認証評価は、大学の教育・研究、運営、財政面などを客観的に外部機関が評価し、助言や勧告を行い、大学の改善を促進するというねらいがある。

なぜ、国際的な認証評価にこだわるのか？「2つの国際的な評価機関が定める教育の仕組みをつくることで、教育の質の保証が担保できる。それは、学習力を高めることになる。日頃の学習力を高めることは、結果的に就業力につながる」

具体的には？「教育研究面では、厳格な成績評価、教員の質の充実、初年次教育でのビジョン設計、教育効果の把握、学生生活支援面では、個別指導による就職指導、資格取得支援や奨学金制度の拡充などが評価の対象になる。これらを実現することで、教育力、就業力を高めます」

教員、学生に対する評価も厳しい。教員は一定の業績ポイントをクリアする必要がある。学生の成績評価も極めて厳格。教室で学生一人ひとりが座る席は決まっており、代返などごまかしはきかない。また、授業を4回以上欠席すると単位取得ができなくなる。

もっとも、学生には、セーフティネットを用意する。「単位取得が思わしくない学生には、レポートの提出や夏や春の集中講義、インターンシップや国際ボランティアなど課外活動の評価、資格取得の単位化などでフォローしています」

大学院教育は進化している。2000年、社会人向けの全国で初の1年制大学院・情報技術コース開設。「Weekend MBA」は、週末を利用してMBAを取得

全学部でグローバル人材育成教育が行われる

できることから人気をよんだ。現在、東阪名の3都市の中心部にキャンパスを開設、369人が学ぶ。

一方、学部3年プラス大学院2年の5年間でMBA取得を目指す大学院進学コースにも力を入れる。「大学院教育を修了して高等教育は完結すると考えている。学部を3年で修了した学生には大学院1年分の授業料を支給するなど支援している」

就職に強い大学。経済誌の「面倒見のいい大学」で、初年次教育から就職指導までの教育内容と実行する体制が評価された。「学生を社会に送り出す、ということから就職指導は、大学教育の一環と考えている」という。

1年次は、ビジョンプランニングセミナーで大学生活の意義と意欲的な学びを身につけ、将来の職業観につなげる。2年次からは上級生が下級生の学生生活を支援するサポーター制など本格的なキャリア支援プログラムが始まる。

進路支援センターは学生の希望する職種、企業、勤務地から内定状況、入社意思までを「就職支援基本情報」として把握。「この情報をもとに、個別指導をしています。厳しい就職状況が続くが、幅広い業界への就職を実現するなど高い就職満足度はキープしています」

情報化教育と国際化教育も教育の柱。情報化教育では1990年から全学生にパソコンを無償譲渡する制度をスタートさせた。2012年度は数十台のiPadを導入、情報センター（図書館）での学習支援や全学的な学生指導などで活用している。

「本学は学生用掲示板の完全電子化にいち早く取り組み、すべての学生向け情報をネットワーク上のキャンパス掲示板から発信。また、講義シラバスの公開、電子教材の活用、担当教員とのコミュニケーションなどもWeb-Learningシステムを使ってインターネット上で行っています」

国際化教育では、ギャップイヤー留学（4か月間派遣、奨学金約35万円）、フ

ロンティアスピリット留学(同、奨学金約85万円)、海外提携校留学(41か国86校)、学生国際ボランティアなどの留学制度を整備。「世界を舞台に、国際感覚を身につける」

　学生国際ボランティアは、夏休みの2〜3週間、世界中から集まる仲間と環境保護、子どもキャンプの手伝い、教会の修復などのボランティア活動を世界各地で行う。この国際ボランティアに参加する名商大の学生数381人は日本の大学ではトップ(2006〜10年度累計実績)。

　名商大のこれからについて、栗本に聞いた。「学生に求められるのは学士の資格ではなく、これからの時代にふさわしい能力。様々な情報を分析し、自らの発想を加え、タイムリーに情報発信する。これこそ自らの存在を際立たせる近道。こうした時代をリードする高い能力と情熱をもって自らの道を切り拓く学生を育てていきたい。そのためには教育の質の保証がキーポイントになる」

　栗本は、教育の質保証にも強いこだわりをみせた。

Information

ホームページ	http://www.nucba.ac.jp/
教育研究情報	http://www.nucba.ac.jp/research/
キャンパス情報	http://www.nucba.ac.jp/blog/campus/

> column ノーベル賞級の発明　東北工業大学理事長

岩崎　俊一さん

（2010年12月1日）

■垂直磁気方式でHDD革命　　研究者として実績
　大学院の設置など改革断行　　大学運営にらつ腕

　大学にとって、これほど心強いトップはめったにいるまい。ノーベル賞級の発明をした研究者であり、大学経営においても数々の改革で実績をあげた。東北工業大学（宮城県仙台市太白区八木山香澄町）理事長の岩崎俊一さんはコンピュータのHDD（ハードディスク駆動装置）分野で革新的技術である垂直磁気記録方式の開発者として知られる。従来の水平記録方式に代わって大容量化と小型化を進展させた。2010年度中には世界中のコンピュータの記憶装置のほとんどが垂直磁気記録方式に切り替わった。HDDの市場規模は年間5億万台、3.7兆円（07年）。東北工業大学では研究を行う傍ら、学長、そして理事長として大学院の設置、新学科の設立、ハイテク・リサーチ・センターの創設などに尽力した。大学の研究から出発して産業界を大きく塗り替えた発明は、いま叫ばれている産学連携の理想的モデル。研究者と理事長という2つの顔をもつ岩崎さんに、垂直磁気記録方式の開発、大学経営、これからの夢などを語ってもらった。

　岩崎さんは福島市で生まれた。父親が鉄道省に勤務していた関係で、小学校は仙台と山形で過ごした。旧制山形中学（現山形東高校）から秋田中学（現秋田高校）に転校。同中学から広島・江田島の海軍兵学校に進んだ。

　子どもの頃の夢。「小学校の頃は技師、エンジニアにあこがれていた」。旧制中学校に入学した頃は「絵を書くのが巧い子どもで、絵描きになりたいと思った。中学3年になると戦争が激しくなり、志望はまたエンジニアに傾いた」

　1943年、秋田中学のとき、「日本の国を守らないといけない」と海兵を受験して合格。終戦まで2年間を江田島で過ごした。終戦後、東北大学工学部に進む。なぜ、東北大工学部だったのですか？

　「こんどの戦争はレーダーなど電波兵器で負けたと思った。そこで、大学で通

信工学を学ぼうと考え、その分野のメッカと言われていた東北大工学部に行くことしか考えなかった」。恩師となる永井健三教授の研究室で学んだ。

　同大卒業の1949年、東京通信工業（現在のソニー）に。同社は46年に井深大氏らが創業したばかり。「永井先生が井深さんと懇意で、面白い経営者だから行ったらどうかと言われて入社した。60人くらいの小さな会社で、僕はNHKの仕事を主にやっていた」

　「とにかく忙しい会社で、自分には向かないと考え、もう一度、大学に戻って勉強したいと井深さんに訴えると、東京工業大なら仕事も続けられるからと慰留された。永井先生が戻って来いと言ってくれたし卒業した大学に行きたかった」

　再び、研究生活に入る。最初の発明は、当時としては画期的な性能をもつ水平記録方式のメタルテープ。「メタルテープでソニーには少し恩返しができたかな」と笑った。しかし、メタルテープは水平方式では高密度化のため磁性層を薄くしなければならないという原理上の制約があった。

　この疑問を解いたのが1977年に編み出した垂直磁気記録方式だった。「磁気がどのように記録されているかを調べ、水平方向と垂直方向の両方の磁気があることに気づいた。水平方向に磁気を持たせる従来の記録方式でも、水平と垂直の磁気がバランスをとっていた。ということは、バランスを変えれば垂直方向に磁気を記録できるはずだ」。これが発明のきっかけだった

　垂直磁気記録方式によるHDDは2006年から生産が始まった。発明から市場に出るまで約30年を要した。岩崎さんの発明は産学連携のモデル。「00年に日立が試作品をつくり、05年に東芝が世界で初めて商品化に成功。大学と産業界が連携すれば必ず成果が生まれる。国の長期戦略が伴うのはいうまでもない」

　こう付け加えた。「日本学術振興会に1976年に磁気記録第144委員会をつくりました。垂直磁気記録の実用化は、ここでの産学のオープンな協力による粘り強い研究が生んだ成果です」

　特許は取らなかったという。「最初のアイデアの基本特許は取りましたが、商品化の特許は取っていません。先のノーベル化学賞を受賞した北海道大学の鈴木章名誉教授と同じ考えからです」

鈴木名誉教授は自身の発明の特許を取らず、そのおかげで医薬品などの製造に大きく貢献した。「僕の場合も、特許を取らなかったため急速に普及しました。オープンイノベーションと言えますが、これができるのも大学だからではないですか」。大学人としての矜持である。

大学経営の話に移る。岩崎さんが学長として東北工業大学に来たのは1989年。3年後の92年、大学院工学研究科修士課程を開設。「この大学で大事なものは何かと考えた。教育の質を上げることだと思い、それには大学院設置だと文部科学省に日参して実現した」

その後、大学院は各学科に設置された。1997年にはハイテク・リサーチ・センターを新築。「大学院をうまく動かすために必要だと考えて造った。東北地方の技術研究の核となる拠点の1つとして機能している」

2004年には理事長を兼務することになった。学長兼務で大変だったでしょう？「大学の中身がわかっていたし、サポートしてくれる人がいたので苦にはならなかった。研究をまとめることと大学を動かすことは同じですね」

研究と大学経営が同じというのは？「部下にやってもらうとき、指示しますが、その指示が間違っていないという確信が必要だと思う。リーダーシップと言い換えてもいい。リーダーシップがあれば部下はついてくる」

リーダーシップは海兵で培われたのですか？「どうかな」と首をかしげたあと「井深さんが、僕のことを『学者としても相当な人だが、経営者としても務まる』と言っていたそうです」。小さな声、シャイな一面をのぞかせた。

2008年からは理事長専任に。理事長イコール経営者に映りますが？「教育に対する経営と言うのは金儲けの経営とは違う。教育研究に予算が必要なら国から出してもらうことを考える。むやみに拡張してやる必要はない。いい教育を行えば学生は集まる」

最後に、独創的な発明はどのようにすれば生まれるのか、と問うた。「先見性を持って構想を練ること。先見性は独自の実験事実と革新技術に対する歴史観から生まれます。勇気を持って第1歩を踏み出すこと。世の中で全く初めてのことを行うには真の勇気がいります。それが人々の役に立つものになるまで研究を続けること。このためには多くの人々の協力や新たな組織が必要になりますが、それを用意するのも研究のうちです」

column

　エネルギッシュな研究者であり教育者。研究、教育の話が一段落すると「文明論」に。「垂直磁気記録がなかったら、コンピュータ、医療、セキュリティ、そしてテレビ、ゲーム機、モバイルなどはどうなっていたか。僕は発明でなく文明をつくったと思っている」

　「現在、HDDは数百EB（10の20乗B）もの膨大な情報が流通する高度情報化社会を支えています。HDDは同時に、この膨大な情報を後世に伝える『ロゼッタストーン』の役割を果たしています。脳情報や自分の全歴史が数万円で買えるHDDに記録できる時代になりました。個人の知識すなわち価値が、飛躍的に増していく新時代が開けつつあると感じています。それは『IT文明』の形成とも言えます」

　若手研究者に「文化でなく文明をつくる覚悟でやってほしい」と、こうエールを送る。「僕らの先輩や僕らはジャパン・アズ・ナンバーワンを目指して必死に働き研究してきた。最近の研究者を見ていると、『この分野を俺は守るぞ』というプロフェッショナルな気概が少ない。1段上の目標をもうけて、つるまず、ひるまず目標を実現してほしい」。これは大学の学生に向けた言葉でもある。

| いわさき | しゅんいち | 1926年、福島県福島市生まれ。49年東北大学工学部通信工学科卒業。東京通信工業（現ソニー）入社、51年東北大学電気通信研究所助手。同助教授、教授を経て85年同所長。89年東北工業大学学長、2004年から同理事長。専門は電気工学で情報の磁気記録が主な研究分野。垂直磁気記録方式の提唱者として知られる。日本学士院会員。87年文化功労者。10年日本国際賞受賞。 |

column かつての人気アナはいま青森大学教授

見城　美枝子さん

（2011年2月2日）

■「知る喜び」を原点に
　人と向き合えない若者　　学生よ、生身の体験を

　愛称の「ケンケン」のイメージがわれら団塊の世代には濃い。かつて、キンキンこと愛川欽也さんとのコンビでTBSラジオの人気番組『それ行け！　歌謡曲』のパーソナリティとして一時代を築いた。見城美枝子さんはTBSを退社後、フリーのアナウンサーとしてテレビなどで活躍中。その傍ら、大学院で建築学を学び、青森大学教授として建築社会学、環境保護論、メディア文化論を教える。いまの肩書はアナウンサー、大学教授のほか、エッセイスト、ジャーナリスト、評論家、キャスター……テレビ、著作、講演に大忙し。文部科学省の中央教育審議会委員など国の各種審議会委員も務めた。3男1女の子たちを育てながら仕事と家庭を両立させた頑張り屋。教育や子育てに関する発言は鋭く重い。団塊世代にとって見城さんは同時代を過ごしてきた仲間、いや星。人気アナウンサーから大学人になるまでの歩み、結婚と子育て、そして学生に託す夢などをケンケンに直撃した。

　群馬県館林市の商家に生まれた。どんな子どもでした？「小学生の頃から映画と本が好きでした。中村錦之助主演の『紅孔雀』を見てから映画にハマりました。家が商店街にあり、映画館の方たちとは顔なじみだったので、当時流行りの東映映画はずいぶん見ました」

　中学生になると、映画の原作にも興味を持つ多感な少女に。印象に残っているのは石坂洋二郎の『陽のあたる坂道』。「青春時代特有の恋心が鮮やかに描かれていて、青春時代の入口にいた私にとって眩しかった」

　性格的には？「一人っ子だったので、のんびりと育ちました。みんなが持っていないポータブルプレーヤーとか、欲しいものは何でも買ってもらった。好奇心の強い、新しもの好きな女の子、だったのではないかな」

　群馬県立館林女子高校に進む。映画と本との付き合いは続く。「高校は厳し

| column |

く、キスシーンなどが教育的に悪いからと洋画専門の映画館に行くことは禁止。こっそりとかくれて映画館に通っていた記憶があります」

映画館と同じように皆勤したのが図書館。「本は小学生の頃、少年少女文学全集を読み、アンデルセンやグリムで白雪姫やシンデレラに胸をときめかせました。高校の図書館で熱心に読んだのはエラリー・クイーンやコナン・ドイルの推理小説」

夢多き高校時代に将来の志望を決める。それがアナウンサー。いまの女子アナの動機とは一味違う。「当時、TBSに『婦人ニュース』という番組がありました。女性が取材して、それを語って伝えるのは珍しかった。こういう仕事をしたいと思いました」

どうして?「高校時代は規律委員長で朝礼のときなどマイクを前にみんなにしゃべったりしてはいました。しかし、のんびり屋で世の中の動きに対する問題意識は希薄でした。もっと社会のことを学ばないと自分が駄目になる、厳しいところに身をおく必要があると考え、アナウンサーという職業を目指しました」

「それだったら、早稲田大学がいい」と周囲から言われ、早大教育学部英語英文学科に進学。「先輩方がたくさん放送界で活躍している放送研究会に迷わず入部」。同研究会はアナウンス部のほか、編成、ドラマ、音楽、技術の各部があり、野球の早慶戦を中継するなどミニ放送局だった。

「学生生活は、放研でアナウンスの練習をして、将来、取材をやるには語学が必要、と日仏学院や日米英会話に通い、家庭教師のアルバイトも続けた。あの頃は忙しく過ごした気がするけど、苦しいとは思わなかった」

勉強のほうは?「優の数はある程度そろえることができました。就職試験はTBSを目指しました。実はNHKの会社訪問で、NHKの方から『あなたは民放ならTBSが向いている』と言われ、TBSにしぼって、運良く合格しました」

1968年にTBSへ入社、夢だったアナウンサーの道を歩みだす。ラジオからスタート、たちまち人気アナに。テレビの『おはよう720』の司会を75年から7年間務め、そして、結婚。

「結婚して子どもを持つのをごく普通に考える世代、仕事と結婚の両立は自然でした。しかし、出産適齢期の最後の頃には海外取材の仕事が1年の半分にも

column

なっていたので、仕事は乗ってくる、でも子どももほしい。判断が難しかったですね」

出産を選ぶ。「職場の方々はとても協力的でした。出産後1か月休んで復帰。1人目の出産後、10月からの新番組へ。3人目、4人目もタイミングよく新番組に出ることができ、ワーキング・マザーになりました」

1973年にTBSを退社、フリーとなる。「当時、春闘でアナウンサーにも指名ストが来ました。海外取材の番組は指名ストはご法度で、フリーでやっていくしか道がなくなりました。不安はありましたが、マイクの前に立てるだけ幸せ、と思い決断しました」

海外取材は7年間も続き、40か国以上を訪ねた。この間、子育てもついて回った。「子どもたちを幼稚園に連れて行くのを母に頼んだりして何とかこなすことができた。働いたお金は、ほとんど子育てに回ったみたい」。明るく笑った。

子育てが一段落。すると、子どもの頃からのDNAである好奇心が頭をもたげた。「自分自身も、勉強したほうがいい」。早稲田大学大学院理工学研究科に入学。修士を終了、1999年から博士課程で日本建築を研究した。

青森大学教授になる。きっかけは？「青森大学で、日本にいる留学生を集めたセミナーがあった際、私はボランティアで講師を頼まれ講演しました。そのとき、学長に『ここで教えてくれませんか』と頼まれ、引き受けました」

昔といまの大学生の違いを聞いた。「私たちの学生時代は、みんな学びに遊びに生き生きしていた。いまの大学生ら20歳台の若者を『コーティング世代』と名付けました。世間との接触を避け、ネット上の情報で自分をコーティングしているから。ネットでは対話したり、相手を批判したりできるのに、直接、人と向き合えないのです」

そうした若者を変えるには？「まず、『生身の体験』をさせることです。裸足の感触が大事。地域でボランティアをしてお年寄りや子どもたちと触れ合うのも一案。昔はあたり前だったお年寄りから赤ちゃんまで、異年齢の集団内で触れ合う、そうした『教育』が重要だと思います」

第14期中央教育審議会委員を務めた。教育問題への発言は厳しい。「国の教育予算が減らされている現実は憂慮すべきこと。日本は教育費に税金を使っていない。先進国の中でも低いほう」、「教育を市場主義にしてはいけません。市場

主義になると、子どもをもつ親は顧客になる、モンスター親が登場してもおかしくない状況が生まれる」

2010年秋から群馬県高崎市の新島学園短期大学の客員教授にもなった。東京を活動拠点に青森と群馬を行き来する。何足ものワラジをはくのは大変なのでは？

「仕事は楽しい。とくに、可能性のある若い人たちに教えることは楽しい。群馬は生まれ故郷だし、青森までは東北新幹線が延びたので全く苦になりません」大学人としての、これからの抱負を。「どうしたら、学生が知る喜びを持ってくれるか、なぜ、知らないといけないのか、これを原点に教えていきたい。かつて大学生は学びで生き生きとしていました。これを取り戻してやりたい」

年輪は重ねたけれど、好奇心、頑張り屋のDNAはいまも健在。「それ行け」の精神で、教える喜びを希求する。その先には彼女が築き上げようとしている大学人としての城が見えてくる。

| けんじょう | みえこ | 1946年、群馬県館林市生まれ。早稲田大学教育学部卒業、同大大学院理工学研究科博士課程単位取得。TBSアナウンサーを経てフリーに。現在、テレビのコメンテーターとしても活躍中。青森大学社会学部教授、新島学園短期大学客員教授。国土技術政策総合研究所研究評価委員会、NPO法人ふるさと回帰支援センター理事長などを務める。『女のタイムテーブル』（文化出版局、85年）など著書も多い。 |

column 神戸夙川学院大学長はノンフィクション作家

後藤　正治さん

（2011年3月2日）

■青春の悩みに答えはない
「書く時間がない」が悩み

　大学の学長には教育者や学者といった「堅物」が多い。ノンフィクション作家からは日本初、いや世界で初めてではないか。神戸夙川学院大学（兵庫県神戸市中央区港島）の元学長が後藤正治さん。2010年発行『清冽　詩人茨木のり子の肖像』（中央公論新社）で注目を浴びているが、作家歴は35年を超すベテラン。ノンフィクション作家として主にスポーツや医療分野で数多くの作品を紡いできた。07年から、同大観光文化学部教授、副学長を経て10年から学長を務める。神戸夙川学院大は学生数900人という小さな大学。90分の授業を週に4回持ち、学生とキャンパスで友達のように会話を交わす気さくな学長だった。「若者の本質や青春の季節に変わりはない」と話し、「若者が、人として成長している姿を垣間見るのはうれしい」と屈託ない。取材される側に回った後藤さんに生い立ち、ノンフィクション作家から大学学長になるまでの歩みを聞いた。

　りんりんと風が鳴っていた。2011年1月末、神戸夙川学院大学（神戸市）を訪れた。大学は神戸港の埋立地にあった。神戸の繁華街、三宮からポートライナーに乗り市民病院前駅で下車。海からの冷たい風を受けながら、10分ちょっとで着いた。07年設立の観光文化学部観光文化学科の1学部1学科の大学（11年現在）。

　物静かでスマートな学長というのが第一印象。取材の依頼をしたときの電話の応対も丁寧で穏やかだった。スポーツや医療関係のノンフィクション作家ということで、求道者的な人物をイメージしていたが、違った。

　後藤さんは京都で生まれた。自宅は京都御所近くにあった。「御所で蝉をとったり、水練場、いまでいうスイミングスクールにも通った。どちらかというと内気な少年だった」

column

　中学から大阪へ。高校は、大阪府立四條畷高校に進む。「高校でも水泳部で自由形短距離の選手でした。府下の強豪というのではなく、その他大勢のひとり。本を読むのは好きだった」。大学受験を迎える。

　「自然科学、化学に興味があった」ので京都大学農学部に進学。「大学紛争の真っ只中に大学へ入った。活動家ではなかったが、『どう生きるべきか』という問いかけを真正面から受け止めていた。デモで逮捕され留置場に入ったことも……」

　1972年、京大農学部を5年かけて卒業。会社勤めを経て「環境破壊」という雑誌を出す出版社に入る。「石油備蓄基地問題で沖縄にも、水俣病で熊本の水俣へも行って取材した。ものを書くことに近づいた、いわば助走期」

　デビュー作は、1983年に発行した『はたらく若者たちの記録』（日本評論社）だった。「組合離れが言われる中、労働現場に寄り添って働く青春群像を描いた。このころから執筆活動に専念するようになる。

　「最初は医学を柱に書こうと思った。未知の世界、分からない世界に惹かれた」。1985年に発行した『空白の軌跡―心臓移植に賭けた男たち―』（潮出版社）は、潮ノンフィクション賞をとった。

　出版社の編集者から「医学ばかりでは肩がこるでしょう」とスポーツものを書くことを勧められた。プロ野球の阪神が優勝した1985年だった。代打男、川藤幸三を3か月取材して総合雑誌に書いた。大の阪神ファン、さぞ血が騒いだのでは。

　続いて書いた『牙―江夏豊とその時代』（講談社、2005年）は、江夏と自分の青春を重ね合わせたノンフィクションの佳作。「スポーツライターという意識はなく、選手の人生を書いている」という後藤さんの気持ちがビビットに伝わった。

　『清冽　詩人茨木のり子の肖像』のように文学者を取り上げるのは初めて。『清冽』は、「わたしが一番きれいだったとき」、「倚りかからず」などの詩で知られ、2006年に79歳で死去した茨木のり子の生涯を追った。後藤さんは茨木のり子をこう表現している。

　〈茨木のり子を強い人といってさしつかえあるまいが、それは豪胆とか強靱といった類の強さではなくて、終わりのない寂寥の日々を潜り抜けて生き抜く、

column

耐える勁(つよ)さである〉

学長の恍惚と不安

　さて、大学人の後藤さん。神戸夙川学院大に来たのは「2007年に設立の際、知人から教員にならないか、と誘われ引き受けました。60歳を目前にして気の迷いみたいのがあったのかもしれない」。小さく笑った。

　「文章読解と表現」、「文学における旅」、「文化講座」などの講義を持つ。学長になったのは「前学長が体調を崩され、副学長をやっていた私にお鉢が回ってきた。逃げまくったが押さえ込まれた」。夫人は「勤まるの？」とつぶやいたとか。

　学長の恍惚と不安は？「雑誌にも書いたのですが、(学長になって)増えたのは挨拶ごとと判子押し。私からお願いして4つの講義は続けさせてもらっています。不安？　新聞をみると、学生の不祥事の記事にまっ先に目がいくようになった」

　小さな大学なので、4年生の学生の名前と顔はすべて知っているという。「4年間、講義をやっていれば4年生の半分は私の講義をとっている」。取材中に食堂に案内されたとき、自ら学生たちに声をかけた。周囲をどっと笑いが包んだ。

　いまの学生について聞いた。「世代の違いで嘆きたいこともあるが、レポートを読んでいると、青春の悩みとか、どう生きていけばいいか、といった青春の普遍性というか時代を超えたものがある。私たちと同じだなあと思う」

いい大学というのは

　そうした学生にどう接してきたのか。「こうしなさい、と自分の考え方を押しつけるのは嫌いですね。学生にはいろんな選択肢がある。青春の悩みには答えはない。悩んだり、苦しんだり、考えることも悪くはない。答えは誰も与えてくれない、自分で探すしかない。

　教育のできること、と大仰に考えるのはどうかなあ。人を変えるには、小さなきっかけがある。(大学は)その契機、出会い、場所であってくれたらいい」

　どういう大学を目指すのか？「いい大学があるとすれば、卒業してから在籍したことを『悪くなかったな』と思ってくれる、それがいい学校だと思う。面白いこともあった、そして何かを学び、友人に会えたという出会いがあるよう

column

な……」

「後藤さんの発する言葉は散文的になりますね」といじわるな質問をすると、「大学の理念や建学の精神を語れ、と言われれば、そうした話もできますよ」と苦笑いした。

作家と学長の両立は？「これまでは二足のわらじで何とかやってきましたが、取材に行く時間がなかなか取れない。それが欲求不満になっている」。現在、『後藤正治ノンフィクション集　全10巻』(ブレーンセンター刊)を刊行中だ。

ノンフィクションの話になると止まらない。「ノンフィクションは今、低迷とか冬の時代と言われている。書く側にいて自分の責任と思ってしまう。いい作品を書くしかない」、「文芸の世界ではベストセラーが出るジャンルが主流で、ノンフィクションは地味な分野、いい仕事するしかない」。やっぱり、欲求不満？

取材中、後藤さんは「青春」の2文字を、しばしば口にした。ノンフィクション作家の学長は、自分と学生の青春を重ね合わせているようにも見えた。青春を共有する学長と一緒の学生たちはつくづく幸せだと思った。

そうそう、後藤さんの『清冽』には、茨木のり子が大切にした言葉が紹介されている。フランスの詩人、ポール・エリュアールの言葉。

としをとる　それはおのが青春を歳月の中で組織することだ。

ごとう	まさはる	1946年に京都府京都市生まれ。72年、京都大学農学部卒業。90年、『遠いリング』(講談社)で講談社ノンフィクション賞、95年、『リターンマッチ』(文藝春秋)で大宅壮一ノンフィクション賞を受賞。ノンフィクション作家。スポーツや医療問題がテーマの作品が多い。他に『スカウト』(講談社、88年)『ベラ・チャスラフスカ　最も美しく』(文藝春秋、2004年)、『咬ませ犬』(日本経済新聞社、93年)などがある。07年から、神戸夙川学院大学教授、副学長を経て10年から12年3月まで学長に就任。

二松學舍大学

東洋に学び、世界に発信する

九段1号館

【大学データ】
◎学長：渡辺和則
◎住所：〒102-8336
　東京都千代田区三番町6-16
◎電話：03-3261-7407
◎設立：1877年
◎学生：2,949名
◎教員：71名
◎職員：76名

◎学費：初年次納入金
　学納金（入学金・授業料・施設費）
　1,230,000円
　代理徴収金（学生会費、学会費等）
　76,300円
　合計 1,306,300円
　2年次以降
　毎年度、授業料 730,000円、施設費 200,000円
　上記の他、4年次に松苓会（同窓会）終身会費 15,000円
◎学部：
　[文学部]
　　国文学科
　　中国文学科
　[国際政治経済学部]
　　国際政治経済学科

【大学情報】

■ 入学・修学

2014年度は、推薦入試、一般入試、AO入試（文学部のみ）、及び各種特別入試を実施。一般入試は、複数科目のA方式、一科目選択のB方式、大学入試センター試験の成績を利用するC方式（前期・後期）、指定一科目のD方式、国際政治経済学部二科目受験のE方式という多彩な制度で行う。また、B方式入試では、本学以外に仙台市に試験会場を設け実施。推薦入試は、両学部で指定校推薦、一般推薦を実施するほか、国際政治経済学部では自己推薦入試を実施。
資格取得として伝統と実績のある教職課程をはじめ、図書館司書課程、学芸員課程を設けている。教員を目指す学生には「教職支援センター」が、公務員・一般企業を志望する学生には「キャリアセンター」が、正規の授業に加えて独自の講座を行うなど、学生一人ひとりに、きめ細かい指導を行っている。

■ 主な就職先（過去2年間）

㈱三井住友銀行／㈱ゆうちょ銀行／㈱三越伊勢丹／東日本旅客鉄道㈱／成田国際空港㈱／駿台予備学校／公立小学校／公立・私立の中学校・高等学校／警視庁／千葉県警察／神奈川県警察／東京消防庁／法務省東京矯正管区　他

Philosophy

二松學舍大学

(2011年11月16日)
長期ビジョンを作成へ
教員採用を強化　学部学科再編など検討

　東洋の精神文化を基盤とした人間教育を実践してきた。建学の精神は、『己ヲ修メ人ヲ治メ一世ニ有用ナル人物ヲ養成スル』、すなわち「東洋の精神による人格の陶冶」。二松學舍大学(水戸英則理事長、渡辺和則学長)は、国語や書道、中国語などの教科を担当する中等教育の教員養成に努めてきた。教員免許の他、図書館の司書や博物館・美術館などの学芸員の資格が取得でき、私立では数少ない書道専攻がある大学でもある。1991年に国際政治経済学部を設置するなど新しい動きも見逃せない。2012年10月10日に創立135周年を迎えた。現在、大学の10年後のあるべき姿、すなわち「長期ビジョン」を作成している。「国漢の二松學舍」と言われた二松學舍大学はどのように変わるのか。11年9月に理事長になったばかりの水戸に二松學舍のこれまでとこれからを聞いた。

東洋の精神文化基盤に　「人間教育」を実践

　二松學舍大学の九段キャンパスは、地下鉄東西線・半蔵門線、都営新宿線の九段下駅下車徒歩8分。道路を隔てた前が垢ぬけた建物のイタリア文化会館で、靖国神社が指呼の間にある。伝統と近代が混在した素晴らしい環境にある。

　二松學舍大学は、1877年10月10日、漢学者の三島中洲が、東京・九段(当時・麹町区一番町)に創設した「漢学塾二松學舍」が淵源である。理事長の水戸が大学名の由来を説明する。

　「不変の節操・堅貞を象徴する松の樹が庭上に2本あったこと、また韓愈の『藍田縣丞廳壁記』に『對樹二松、曰哦其間』とあることから二松學舍と命名されました」

　こうつけ加えた。「二松學舍の創立は慶應義塾、立教について古く、当時、漢学を主とする学校は多くあったが、現在まで存続するのは二松學舍だけ。

二松學舍は福沢諭吉の慶應義塾、中村敬宇の同人社と並んで明治3大塾と称されました」

學舍歴代トップの顔触れや学んだ人材が凄い。二松學舍では、舎長(しゃちょう)は、理事長、学長の上のポスト（現在、舎長はいない）で、第3代舎長は、日本の資本主義の父と言われた渋沢栄一で、第5代舎長は吉田茂元首相。

学んだ著名人には、夏目漱石がいる。1881年の入学者名簿には、その名が記されている。近代柔道の礎を築いた嘉納治五郎もそうだ。

冒頭でも述べたが、卒業生には、国語や書道、中国語などの教科を担当する中学校や高校の教員が多く、約3,000名が全国に散らばっている。現在、こうした卒業生との連携、関係強化が課題になっている。

「学生の募集や就職支援のために、教員になった卒業生に一肌脱いでもらおうとOB・OGとの連携と関係を強化し、同時に、実業界に進んだ卒業生とネットワークの強化を進めています」

現在の二松學舍大学は、九段キャンパスと柏キャンパスがあり、文学部と国際政治経済学部の2学部に約3,000人の学生が学ぶ。2009年から、キャンパス選択制をスタートさせた。

「入学時に、4年間を九段で学ぶか、1、2年は柏で、3年から九段で学ぶか、どちらかを選択できるようにしました。前者が9割と圧倒的で、2013年度から全員が4年間を九段で学ぶようになりました」

柏キャンパスはどうなるのか？「キャンパス選択制導入前は、2学部とも1、2年生は柏でした。選択制にして受験生は増えました。柏キャンパスは、長期ビジョンで検討中ですが、柏にある附属の中学校、高校が使うことも一案です」

九段キャンパスの評判は上々だ。校舎最上階にあるレストラン「Cafe sora」は、一般の利用が可能。安価で美味しい料理はマスコミに紹介された。「イタリア文化会館の館長さんも食べに来られます」

教育及び研究面を聞いた。少人数教育について。「本学は基礎的学問を学び、学問の基礎的な土台を固めるための勉強をする大学。教育と研究に熱意をもっ

た教授陣が多く、学生は学問上の疑問はもちろん、迷い、悩みなどがあるときには、いつでも安心して先生に質問や相談をすることができます」

同大の「日本漢文学研究の世界的拠点の構築」が04年の文部科学省の21世紀COEプログラムに採択された。「今後とも、日本漢文学関係資料の調査・集積や、外国人研究者を含めた世界的な交流ネットワークの構築や国際シンポジウムの開催などを行い、若手研究者や専門家を育てていきたい」

水戸英則　理事長

就職について。「かつては毎年、卒業生の100人近くが教員になったが、いまは50人前後。10年に教職支援センターを立ち上げ、都教委のOBを採用するなどして教員養成に力を入れています」

同センターは教員採用試験の対策に特化した組織。学生への個別指導で、教員としての意識を高め、試験対策として「教員採用試験合格講座」を行っている。

「教員以外では、公務員や一部上場企業への採用を増やしたい」という。どうすればいいのか？「政治や経済の専門知識を体得するのはもちろんだが、実用の英語と中国語が使えるようにするのも大事だと思う。実用的な語学教育の実践は長期ビジョンの課題のひとつになっています」

その長期ビジョンについて尋ねた。日本銀行出身で、海外経験も豊富な水戸は、世界経済から「長期ビジョン」を語り出した。まず総論。

「いまや世界経済は欧米の時代から東アジアの時代へと移り、中国、韓国、日本、インドや東南アジアの国々が世界経済を主導していく時代。この東アジアの時代に適合するべく、本学は諸改革を行い、時代が要請する人材を育成、輩出していく使命がある」

各論。「現在、教職員、学生・生徒、父母、卒業生や取引先などすべてのステークホルダーから、本学の将来像についての意見・提言を収集、これから骨太綱領を作成する予定。これを着実に実現していく仕組みを造り、10年後には、

現在より大きく飛躍した二松學舍大学を目指す」

　具体的には？「2010年12月に大学改革推進会議をスタートさせた。5つの部会を設けて、両学部のあるべき姿、語学教育、大学院、教職課程などについて具体的な議論をしている。大学の出口をよくするには、どうすべきか、も重要なテーマになっている」

　どう改革するのか？「語学教育の充実のほか、キャンパスの九段集約に伴うキャンパス再配置、学部・学科の再編、教員採用の実績引き上げのための方策などが主なもの。長期ビジョンは、『N 2020　PLAN』（二松學舍の将来構想）として取りまとめて、2012年の創立135周年記念式典で公表しました」

　この中には、すでに動き出しているものもあるという。「教員採用強化では、2011年4月に国語科教員養成特別コースをスタートさせました。学生あっての大学、学生のニーズに対しては速やかに対応していきたい」

　大学のこれからを聞いた。「建学の理念を本学志望学生・父母や地域住民にわかりやすく示すのが肝要。この建学の理念に基づく教育の使命・目標や、どういう人材を育成していくのか、どのような授業展開を行っていくのかなどを外に向かって明確にし、本学のあるべき姿を創っていきたい」

　水戸の口吻には、建学の精神を守りながら、改革を敢行し、二松學舍大学のあるべき姿を創りたい、という並々ならぬ決意がみなぎっていた。

Information

ホームページ	http://www.nishogakusha-u.ac.jp/
研究情報	http://www.nishogakusha-u.ac.jp/j_kyoin.htm
キャンパス情報	http://www.nishogakusha-u.ac.jp/campus.htm

ソーシャルワーカー（社会福祉のプロフェッショナル）を育む大学

日本社会事業大学

◎職員：73名（契約職員・附属実習施設職員含む）
◎学費：初年度納付金 1,039,800円
◎学部：
[社会福祉学部]
　福祉計画学科
　福祉援助学科

キャンパス

【大学データ】
◎学長：大島巖
◎住所：〒204-8555
　東京都清瀬市竹丘3-1-30
◎電話：042-496-3000
◎設立：1946年
◎学生：971名（大学院・専門職大学院含む）
◎教員：52名

【大学情報】

入学・修学

福祉の多様化・高度専門化に対応し、目指す進路・資格取得に沿った学びが得られるよう、各学科コースごとに履修モデルが組まれる。学生の経済的負担が大きく軽減され、入学金や授業料は国立大学相当で、学費の免除・延納制度も整備されている。日本社会事業大学独自の学内給費生制度をはじめとする各種奨学金制度も充実し、社会福祉士＋αの資格を安心して目指せる環境が整っている。

外部連携

地域を総合的に捉え、福祉に活かす地域型実習教育を近隣の自治体と密に連携しながら展開。また、授業を広く公開し、社会に貢献していくことを目指し、最先端の研究者や実践家を招いた講義「社会福祉総合科目」を公開したり、埼玉県との連携による「開放授業講座」を開催。

主な就職先（過去2年間）

地方公務員福祉職・行政職・保育職/日本赤十字社/聖隷福祉事業団/練馬区総合福祉事務所/東京都社会福祉事業団/相模原市社会福祉協議会/医療生協さいたま生活協同組合/至誠学舎東京/㈶鉄道弘済会/千葉県立高校福祉科/県立所沢特別支援学校　他

Philosophy

(2010年10月27日)
社会福祉に決意と自負
卒業生が就職支援　グローバル化にも対応

　「福祉の東大」と呼ばれている。どうして、そう呼ぶのかという疑問から取材に入った。日本社会事業大学(髙橋重宏学長・当時)は、国(厚生労働省)の委託を受けて開校、日本の社会福祉教育のパイオニアとして、ソーシャルワーカーや福祉職の公務員、福祉関連団体の職員ら福祉の第一線で活躍する人材を輩出してきた。同大の校歌には「社会の福祉　誰が任ぞ」という一節がある。社会福祉に対する決意と自負が刻み込まれている。国の委託による運営のため、学費は国立大学の標準額に準拠している。社会福祉系大学や学部が増える中、同大の存在感は屹立している。ますます、重要さを増す社会福祉、この分野にも押し寄せるグローバル化の波……。これらにどう立ち向かうのか、「福祉の東大」のこれまでの歩みとこれからを学長に聞いた。

資格試験　高い合格率　「福祉の東大」の教育力

　日本社会事業大学は、1946年に開校した日本社会事業学校が前身。58年、日本社会事業大学(社会福祉学部社会事業学科・児童福祉学科)になった。キャンパスは89年、それまでの原宿(東京都渋谷区神宮前)の旧海軍館から現在地の清瀬市に移転した。現在、社会福祉学部(福祉計画学科、福祉援助学科)の1学部。大学院、専門職大学院(専門職学位課程)、通信教育科(社会福祉主事、社会福祉士、精神保健福祉士)を含め約2,500人の学生が学ぶ。通学生だけだと839人の小さな大学。

　学長の髙橋が大学を語る。「戦後の明日の生活さえわからない困窮した生活、焼け果てた焦土の中で、本学は、民主社会、福祉国家を建設するには社会福祉が必要不可欠と、『忘我の愛と智の灯』のスローガンのもとに誕生しました」

　建学の精神、使命は「ウブゴエカラ灰トナリテマデ」というアガペの像や校歌にあるように、福祉サービスを必要としている人々、生活問題を抱えている人々

日本社会事業大学

に寄り添い、その人々の自立生活を支援する実践者たれ、ということです」

　戦後日本の社会福祉のパイオニアとして、指導的な社会福祉従事者の養成や社会福祉に関する教育研究を行い、多くの成果をあげてきた。ソーシャルワーカーを育てる大学を目指す。髙橋が学生を語る。

髙橋重宏　学長（当時）

「うちの学生は、社会福祉の道に行こう、という意志が強固な"確信犯"です。社会福祉職員として専門性をもって仕事に就けるよう、全学生が国家資格の社会福祉士を取得する教育課程と受験資格を取得できるカリキュラムを整備。精神保健福祉士、介護福祉士、保育士のなど資格も取得できるようにしてあります」

　私的なことで恐縮だが、10月初旬に母をがんで亡くした。亡くなる前、母の介護ケアなどを病院のケースワーカーに相談したところ、身内のように対応してくれた。その仕事は大事で重いものだと実感した。

　このソーシャルワーカーの仕事は現在、孤立している人の社会的な居場所や安心して援助や支援が受けられる環境を作ったり、高齢者や問題を抱える子どもを支援したり……様々な分野に広がっている。

　社会福祉士の国家試験の合格率（受験生が200人以上の大学）は、2007年以来、65％前後で全国トップを維持している。同国家試験の09年度の大学別現役合格率（同）でもトップを占める。

　2004年、大学院に、わが国唯一の社会福祉の専門職大学院である福祉マネジメント研究科を設置した。髙橋が説明する。

「社会福祉の現場で働いた人がリカレント教育、生涯研修の一環として、より高度な技術、知識を身につけるために学ぶ1年制の専門職修士課程。自治体職員らが専門知識だけでなく経営・マネジメントも学んでいます」

　2004年には、「介護実習棟」ができた。高齢者福祉の介護保険制度に続き、障害者福祉への支援費制度の導入、全室個室ユニット化の新型特養の制度化な

ど、福祉を取り巻く環境が著しく変化。それらに対応した介護に関する最新の知識や技術を修得できるようにした。

厚生労働省の委託を受けて設立の大学なので学費も国立大学並み。奨学金制度も充実している。

「本学独自の『チャレンジ支援奨学金』は、世帯収入だけでは計りきれない各家庭の事情を鑑みて、高い修学意欲を持つ学生を支援しています。授業料の半額または全額を給付しています」

就職力には定評がある。『不況に負けない！「就職力」が磨ける大学』として書籍に紹介されたことがある。2013年3月卒業生の就職先は社会福祉施設（41％）、公務員（19％）、福祉関係団体（11％）がベスト3である。

卒業生の支援も役立っている。「14,000人を超える卒業生が行政機関や社会福祉施設、医療機関、福祉関係団体などで働いています。大学は学生の希望する職種の卒業生を紹介して助言を受けるよう、支援しています」

地域貢献も、この大学らしい。実習教育は『地域型実習』を導入、清瀬市などの社会福祉法人や医療機関などと連携して行っている。また、埼玉県との連携で『開放授業講座』を開催、社会福祉科目の授業を公開することで地域や社会に貢献することを目指している。

ボランティアサークルが多いのも特長だ。「子どもや高齢者、障害を持つ人たちを手助けしようと、実習以外でも、福祉の経験を積みたいと積極的に参加しています」

社会福祉のグローバル化へ向けての対応を髙橋が語る。「日本の国民の幸福と安寧を願うだけでなく、国際的な飢餓や様々な生活課題を抱えている全世界の人々に思いを馳せる必要がある。それには、世界規模でのヒューマンセキュリティ（人間安全保障）も考えられる人材の育成が求められています」

附属の社会事業研究所にアジア福祉創造センターを設置。アジア諸国の社会福祉のリーダー養成などを担う。同時に、世界の大学と学術交流協定を結び、研究者の交流を行い、世界的な社会福祉教育研究のネットワークの拠点づく

りを目指す。

　2012年度には、東日本大震災の被災地である福島、岩手でフィールドワークを実施するとともに、災害時におけるソーシャルワークとアジア諸国におけるソーシャルワークの定義をテーマとした研究発表及び円卓会議等を行った。

　近年、子どもや高齢者の虐待などの問題が多発している。社会で孤立化する人々が増えているためだという。髙橋は「虐待の場合、親から子どもを離すだけでは解決にならない」とこう続けた。

　「相手の状況を理解して、その人を支えていく体制を整えていくことが重要で、専門性を持ったソーシャルワーカーの力が必要不可欠です。ソーシャルワーカーは、まだ社会的に十分な認知を受けていない。もっと専門家を養成、責任ある仕事を任せる必要がある。このことを本学から広く発信していきたい」

　日本社会事業大学が日本の社会福祉をリードしてきたのは間違いない。髙橋の言葉には「これからも」、という強い決意がみなぎっていた。

Information

ホームページ	http://www.jcsw.ac.jp/
キャンパスの様子	http://www.jcsw.ac.jp/about/outline/index.html

「生命・環境・食」生命を見つめ続ける大学

日本獣医生命科学大学

最先端動物医療施設、付属動物医療センター

【大学データ】
- ◎学長：池本卯典
- ◎住所：〒180-8602
  東京都武蔵野市境南町1-7-1
- ◎電話：0422-31-4151
- ◎設立：1881年
- ◎学生：1,692名
- ◎教員：132名
- ◎職員：56名

◎学費：
[獣医学科]
入学金 250,000円
授業料 1,300,000円
実習費・その他 950,000円
諸会費など 131,000円
合計 2,631,000円
[獣医保健看護学科・動物科学科・食品科学科]
入学金 250,000円
授業料 750,000円
実習費・その他 620,000円
諸会費など 105,000円
合計 1,725,000円

◎学部：
[獣医学部]
　獣医学科／獣医保健看護学科
[応用生命科学部]
　動物科学科／食品科学科

【大学情報】

入学・修学

学生が目的をもって充実した学生生活を送れるよう、就職・進学・その他進路全般について親身になって相談に応じる体制を整える。特に就職については、早期から学生一人ひとりの状況を把握し、学生にマッチしたサポートを実施し、「どの学科も就職に強い大学」が特徴の1つ。

外部連携

山梨県に付属牧場「富士アニマルファーム」を有し、乳牛、肉牛、馬、羊、山羊、豚などの動物を飼育。牛舎から産業動物エネルギー代謝研究施設まで、様々な施設を駆使しながら、富士山をバックに動物とふれあい、実習を通して生命・環境・食の学びを深める。

主な就職先（過去2年間）

各種動物病院／農林水産省／東京都・千葉県・埼玉県等地方公務員／警視庁／北海道農業共済組合連合会／千葉県農業共済組合連合会／山口県農業共済組合連合会／（公財）日本生態系協会／Meiji Seikaファルマ㈱／DSファーマアニマルヘルス㈱／共立製薬㈱／沢井製薬㈱／三菱化学メディエンス㈱／㈱南ヶ丘牧場／丸紅畜産㈱／ホクレン農業協同組合連合会／長谷川香料㈱／プリマハム㈱　他

Philosophy

日本獣医生命科学大学

(2011年5月25日)
就職に強い「いのち」の大学
地域貢献も独自色 専門性を活かす各学科

　「いのち」の大学である。日本獣医生命科学大学(池本卯典学長)は、獣医学部(獣医学科、獣医保健看護学科)と応用生命科学部(動物科学科、食品科学科)の2学部4学科の小さな大学。どの学科も専門性を生かし「就職に強い」のが特長だ。1952年、日本医科大学と合併、医学及び獣医生命科学の総合学園というユニークな大学でもある。日本屈指の獣医保健看護学科は、獣医療の補助職、動物行動科学の専門職として新分野の開拓に意欲的。大学付属の動物医療センター(犬・猫中心の小動物診療)は、外科系及び内科系の診療科に分かれ、MRI、CT、Linac、超音波診断装置、内視鏡などの画像診断装置など人間を治療するのと変わらない高度の治療装置を備え、高度な獣医療を行う。学長に、同大学のこれまでとこれからを聞いた。

獣医学部と応用生命科学部　学是は「敬譲相和」

　日本獣医生命科学大学は、1881年、東京・文京区音羽の名刹、護国寺の別院伝通院の一隅を借り、若き獣医9人が17人の青雲の志に燃えた学生を集めて開学。設立は、明治維新の熱醒めやらぬ時代、富国強兵が叫ばれ、それに不可欠の軍用馬の育成と獣医療及び農業の発展に寄与する家畜の獣医療を担当する獣医師の育成が急務だった。

　学長の池本が大学を語る。「教育理念は『愛と科学の心を有する質の高い獣医師と専門職及び研究者の育成』で、学是は『敬譲相和』です。創造力・実践力に満ち、謙譲と協調、慈愛と人倫を弁(わきま)え、人間性豊かな学生の育成です。開学時から、獣医学を担っており、倫理観豊かな学生を育ててきました」

　池本は、優れた業績を挙げた先輩を二人あげた。狂犬病や牛疫のワクチンを開発し、多くの患者や動物を助けた梅野信吉博士、病原細菌のサルモネラ、下痢性大腸菌、ビブリオと近縁菌等の分類学と細菌毒性学で名を馳せた坂崎

利一博士。

　池本が学長になったのは、1999年。大学の沿革をみると、池本の学長就任直後から改革が行われたのがわかる。時系列に追ってみると——。

　2000年、畜産食品工学科を食品科学科へ名称変更。01年、畜産学科を動物科学科へ名称変更した。03年、教育組織と研究機構の改革を行い、獣医畜産学部を改組して獣医学部に改め、獣医学科と獣医保健看護学科にした。同時に、応用生命科学部を新設して動物科学科と食品科学科を設置した。

　「当時、生命科学、食品科学、環境保全といった分野も新しい時代に入りました。そこで、この新時代の先駆けとして、本学は、時代を築く人材を育成したいという思いから学部や学科の新設再編を行ってきました」

　2005年、獣医学部に獣医保健看護学科を開設。06年4月から、校名を日本獣医畜産大学から日本獣医生命科学大学に変更した。現在、2学部に約1,700人の学生が学ぶ。男女比は男子4、女子6で、近年、女子が増えている。女子は牧場での実習などでも頑張っているという。

　「教職員は約180人と定員の学生数に比べて多く、私塾的な少人数教育を行っています。学年担任が複数名ついて、学業、生活、将来の進路など様々な相談に応じています」。池本は「私も年間20コマの講義を持ち、食事は学食を利用しています」と付け加えた。

　最新の医療設備で高度な獣医療を展開する動物医療センターを池本に案内された。たまたま、犬の手術を行っていた。手術台を囲み、病気の犬を切開手術する獣医師とそれを補助する動物看護師の様子は、一般の総合病院の手術室と変わりなかった。

　設置されているMRI、CTといった最新医療機器は、「しばしば使われています」という。犬や猫の病室も見学した。個室ではなかったが、それぞれ金網の小屋に入っていた。中には、寝たまま点滴を受けている猫の姿もあった。

　「動物医療センターは、種々の疾患に病んだ、物言わぬ犬、猫を中心とした伴侶動物の診断、治療を目的として開設しました。来院する飼い主とコミュニ

日本獣医生命科学大学

ケーションを十分に取り、信頼関係を得て質の高い獣医療の提供に腐心しています。盲導犬や介助犬の無料診療も行っています」

「就職に強い大学」について聞いた。同大学は、キャリア支援センターが学生の進路支援をサポートする。同センターは、各学科代表の教員から成る進路支援委員会委員によって組織されている。池本が説明する。

池本卯典　学長

「就職支援については、ガイダンス、各種筆記試験対策や模擬面接、グループディスカッション対策講座などを通して、学生の職業意識の向上や就職活動の早期対策を進めています」

具体的には？「特に力を入れているのは、専門のキャリアコンサルタントによるマンツーマンの就職相談と模擬面接。動物科学科と食品科学科では、就職のための総合講座を正規科目として開講しています」

各学科とも、専門的な学びを通して取得できる資格がある。「獣医師の資格は、毎年3月に実施される獣医師国家試験の合格によって取得できるもので、本学は、例年高い合格率を誇っています」

池本によると、獣医学科は、農協や動物病院で獣医療に携わるものが圧倒的。次いで国家・地方公務員、薬品会社、動物園・水族館などが多い。獣医保健看護学科は、動物看護師や動物園や地方公共団体で動物に係る仕事が多い。

動物科学科は、畜産業・農業、薬品など製造業、JAなど農業関係団体、動物関連サービス業から卸・小売業・外食産業など多岐にわたる。食品科学科は、国家・地方公務員、高校や中学校の教員、食品衛生監視員・食品衛生管理者・環境衛生監視員などになる。

日本医大との関係は？「FDの合宿を一緒に行ったり、教員の交流も盛んです。医学と生物が一緒になったことで共同研究が行われ、教育施設やコンピュータを共同で使うなど1プラス1が3になっています」

社会・地域貢献も、この大学らしさがある。「親と子の乗馬教室」は、地域住

民を対象に基本的な馬学の講義、学生の模範演技のほか、児童園児に乗馬体験を行う。「犬のしつけ教室」は、愛犬の上手な飼い方やしつけをサポートするため近隣の獣医師会と協力して定期的に行っている。

また、武蔵野地域に所在する5大学と「武蔵野自由大学」を開設、獣医学、生命科学、食の安全など専門分野の講座で協力している。

獣医系大学のこれからを池本に聞いた。地球はいま、経済不況、衣・食・住の貧困、格差の増大、国際・国内紛争も絶えない。一方で、BSE・SARS・豚インフルエンザなど動物由来の疾病が猛威を振る。こう警鐘を鳴らす。

「地球は、今世紀のクライシスと言われています。動物由来の疾病原因の発見と蔓延防止は獣医学部が、健康な食用動物の生産及び安全食品の供給は応用生命科学部が、恒久的なテーマとして担っていきたいと思っています」

2011年は創立130周年だった。学生に何を期待するか?「学是『敬譲相和』を忘れず、学びによって個人個人の質を高め、生命(いのち)を念頭におき、人間としての尊厳、動物との共生、地球などの環境保全、食の安全につながる専門職になってほしい」。池本は最後も「敬譲相和」の言葉で結んだ。

Information

ホームページ	http://www.nvlu.ac.jp/
研究情報	http://tlo.nms.ac.jp/

体育・スポーツの総合大学

日本体育大学

都市型・高度情報型の世田谷キャンパス

◎設立：1891年
◎学生：5,848名
◎教員：180名
◎職員：92名
◎学費：
　1年目 1,438,000円
◎学部：
　[体育学部]
　　体育学科
　　健康学科
　　武道学科
　　社会体育学科
　[児童スポーツ教育学部]
　　児童スポーツ教育学科

【大学データ】
◎学長：谷釜了正
◎住所：[世田谷キャンパス]
　〒158-8508
　東京都世田谷区深沢7-1-1
　[健志台キャンパス]
　〒227-0033
　神奈川県横浜市青葉区鴨志田町1221-1
◎電話：03-5706-0900〈代表〉

【大学情報】

入学・修学

建学の精神「體育富強之基」に示すように、日本体育会体操練習所としてその歴史を刻み始めて以来、120年近くにわたり、一貫してスポーツを通してすべての人々の願いである「心身の健康」を育み、かつ世界レベルの優秀な競技者・指導者を育成することを追求し続けてきた。この理念を実現する「ミッション（社会的使命）」を表明するとともに、理念を具現化するための「ヴィジョン（目標）」を掲げた。スポーツを文化として幅広く捉えた「体育・スポーツの総合大学」としての一歩を踏み出している。

外部連携

国際交流実習や交換留学生の制度などを実施。また、地域とのスポーツ交流協定も盛んで、2020年東京五輪招致活動などでも連携協定を締結している。

主な就職先（過去2年間）

小学校教諭／中学・高等学校保健体育教諭／養護教諭／警視庁／東京消防庁／防衛省／神奈川県警察／㈱ルネサンス／㈱コナミスポーツ＆ライフ／セントラルスポーツ㈱／ヨネックス㈱／プーマジャパン㈱／東レ／三菱重工業㈱／東日本旅客鉄道㈱／東日本電信電話㈱　他

Philosophy

(2011年2月9日)
体育の総合大学目指す
総合大学もスポーツ強化　競争の時代に危機感

　水泳の北島康介、体操競技の内村航平といった世界的なアスリートの母校でもある。日本体育大学(谷釜了正学長)は体育・スポーツ系の総合大学。開学以来、数多くの五輪や世界選手権の代表選手、そして、全国の中高の体育教諭(スポーツ指導者)を輩出してきた。開学時は体育学部体育学科の1学部1学科だったが、時代の要請もあり、体育学から波及した時代に応じた学科をいち早く取り入れた。健康学科、武道学科、社会体育学科がそうだ。かつて、東京教育大学体育学部(現筑波大学)と体育系大学の双璧と言われたが、近年、全国に体育、スポーツの学部や学科を設ける大学が増えてきている。そこで、「体育・スポーツ系学部を持つ他大学を凌駕する体育の総合大学を目指す」と改革の狼煙を上げた。老舗の大学が動いた。具体的な改革などを学長に聞いた。

五輪代表多く輩出　伝統を改革で底上げ

　日本体育大学は、1891年に設立された「体育会」(翌年に日本体育会と改称)を淵源とする。93年、日本体育会体操練習所を東京都麹町区に設置。1941年、専門学校令による日本體育専門學校を設立。49年、日本体育大学となった。

　学長の谷釜が大学を語る。「建学の精神は、『體育富強之基』です。国民体育の振興、真に豊かな国家・社会を実現するため、体育・スポーツの普及・発展を積極的に推進し、健全な心身を兼ね備えた全人格的な人間を育成することを建学の理念としています」

　現在、体育学部の4学科に約5,600人の学生が学ぶ。キャンパスは、東京・世田谷と横浜・健志台(横浜市青葉区)の2つ。学生の大半がクラブやサークルに所属。学外実業団やスポーツクラブに加入している者もいる。

　新しい学科は、1962年に健康学科を、65年に武道学科を、75年に社会体育学科を設置した。

谷釜が説明する。「健康学科は、高度成長期に社会現象となった運動不足病を解消するための健康な体作りを目指しました。武道学科は日本人のナショナル・アイデンティティを求めて、社会体育学科はレジャー時代のレクリエーション指導者養成と、それぞれの時代の社会を投影しています」

谷釜了正　学長

健康学科は、伝統である体育指導者(体育教員・スポーツ指導者等)になるだけでなく、養護教諭・医療関係者の養成をも目指す。現在、同学科社会福祉コースは、社会福祉士の国家資格を取得、福祉関係の仕事に就く学生も増えている。

日体大のスポーツが輝きはじめたのは1970年前後。「学園紛争の時代でした。本学は学園紛争の渦中になく、69年は駅伝、バスケットボール、ラグビー、バレーボール、ハンドボール、体操競技、レスリングなどの競技が日本一に輝きました」

数多くの五輪代表選手、世界選手権代表選手を輩出してきた。2008年の北京五輪では、日本代表26人(卒業生含む)・スタッフ(役員・監督・コーチ等)20人の計46人と大学では最多人数だった。

さて、2000年前後から、新しく開校した大学や総合大学がスポーツの強化に乗り出し、日体大も含めて大学スポーツは競争化の時代を迎えることになる。

谷釜が話す。「21世紀に入ってからまもなく、首都圏の有名私立総合大学はスポーツ系学部を設置、トップアスリートのリクルート合戦に参入し、野球、ラグビー、駅伝など選手獲得を強化。国立大学までもが知名度やブランド力アップのために運動部の強化にのりだした。体育系単科大学より総合大学に魅力を感じる高校生も出てきました」

さらに、全国の大学でスポーツビジネスを学べる学科や学部が急増。「景気の低迷もあり、高校生アスリートは保健体育の免許が取得できる地方の大学を選択するようにもなった。新興の大学はスポーツ関連の学部・学科設置が受験生確保につながると考えてもいる」

日体大は伝統的に保健体育の教員養成を1つの使命としてきた。受験生のほとんどが保健体育の教師を志望する。

教員志望者が圧倒的

実際に就職では、教員希望者が多く2012年度の採用試験には370人（本採用、現役卒業生含む延べ人数）が合格した。実績で多いのが公務員（警察官・消防官・刑務官・県や市職員等）。一般企業への就職希望者も高い就職率を誇る。

谷釜は、企業で活躍する卒業生の代表格として、韓国のサムスンを抜いて世界一のDRAM専業メーカー、エルピーダメモリ㈱の代表取締役兼CEOの坂本幸雄をあげた。「私の2年上で、野球部で活躍、文武両道の逸材」という。

こう付け加えた。「日体大の学生は、本来行動力があり、礼節を重んじ、スポーツを通して、どうすれば勝てるかなど考える力を培っています。坂本さんのようなお手本になる先輩もいます。就職に臨んでは、もっと自信を持っていい」

近年、中高の体育の教師採用の枠も生徒数の減少などで減りつつある。体育系学部・学科の急増と相まって厳しい状況にある。しかし、「こうした時代を見越して、日体大は改革を行ってきた」と谷釜が語る。

「1992年から6年学長を務めた綿井永寿学長が未来型大学と東京・世田谷再開発という2つの構想を打ち出しました。未来型大学構想は、伊藤孝前々学長の時代に中間報告が出され、これを継承、さらに発展させるべく進めています」

世田谷再開発は、「体育・スポーツの総合大学」にふさわしい都市型・高度情報型キャンパスとする計画。ほとんどでき上がり、現在、これに併せて教育・研究やカリキュラムの抜本的な改革に着手している。

これまでの改革の手ごたえを「2011年度の受験者数は増えました。これは、世田谷再開発で新設した教室、体育館、トレーニングセンターなどが他大学に比べて秀でているのが1つの要因にあげられる」と話す。

未来型大学構想の継承と発展とは？「これからの日体大の歩み方です。18歳人口が減少する中、いかに優秀な学生を確保すべきか、を主眼に置いています」と説明。

学科の改組も検討中

　日体大の学生の男女比は現在男子7に対して女子3。「私個人の考えにとどまっていますが、これを男子6、女子4にしたい。2013年度より、小学校教諭免許が取得できる児童スポーツ教育学部を開設した。また今後はスポーツと栄養という観点から管理栄養士が取れるようなコースも考えたい」。さらに、国民の健康意識の高まりに対応した学科改組も検討している。

　将来、どういう大学になるのか？「体育系学部学科をつくってきた大学は、おおむね日体大をまねて、日体大との違いを打ち出して伸びてきたと思われます。これからは、こちらが差別化する番です。チャンピオンスポーツと健康スポーツの両方に係ってきた強みを活かし、体育・スポーツの総合大学を目指したい」。

　谷釜の口吻には、体育系大学の老舗としての自負と矜持がみなぎっていた。

Information

ホームページ	http://www.nittai.ac.jp/
教育研究情報	http://www.nittai.ac.jp/about/research/index.html

創造力、実践力。
福井大学

文京キャンパス

◎職員：1,022名
◎学費：
　入学料 282,000円
　授業料 535,800円
　（前期 267,900円、後期 267,900円）
◎学部：
　[教育地域科学部]
　　学校教育課程／地域科学課程
　[医学部]
　　医学科／看護学科
　[工学部]
　　機械工学科／電気・電子工学科／
　　情報・メディア工学科／
　　建築建設工学科／材料開発工学科／
　　生物応用化学科／物理工学科／
　　知能システム工学科

【大学データ】
◎学長：眞弓光文
◎住所：〒910-8507
　福井県福井市文京3-9-1
◎電話：0776-23-0500〈代表〉
◎設立：2003年（旧福井大学と旧福井
　医科大学が統合し、福井大学を開学）
◎学生：4,147名
◎教員：539名

【大学情報】

■入学・修学

一般入試（前期日程・後期日程）、特別入試（推薦入試Ⅰ・推薦入試Ⅱ・私費外国人留学生）、アドミッション・オフィス入試（AO入試Ⅰ・AO入試Ⅱ）があり、それぞれの選抜に関する詳細については入学者選抜要項（例年7月発表）で公表する。

■外部連携

福井県をはじめとした県内各自治体、大学、企業・諸団体と連携し、地域の次世代を育てる教員、地域医療を担う医療人、地域産業を創造する技術者を養成。また企業・団体との共同研究等を通じて、地域の課題解決や活力ある地域社会の形成に寄与し、教育・研究・社会貢献活動に積極的に取り組む。

■主な就職先（過去2年間）

福井県公立小学校・中学校・高等学校教員／福井県庁／福井県警察／福井大学医学部附属病院／福井県立病院／京都大学医学部附属病院／パナソニック㈱／日産自動車㈱／三菱重工業㈱／西日本電信電話㈱／㈱東芝／西日本旅客鉄道㈱／本田技研工業㈱／関西電力㈱／中部電力㈱／川崎重工業㈱／㈱豊田自動織機／アイシン精機㈱／KDDI㈱／セーレン㈱／サカイオーベックス㈱／前田工繊㈱　他

Philosophy

福井大学

(2011年6月8日)
Web活用して情報提供
適時・独自の企業説明会　地方のハンディ、逆手に

　「氷河期の再来」とも言われる大学生の就職戦線。そんな中、北陸にある国立大学が、ひとり気を吐く。福井大学(福田優学長・当時)は、卒業生の就職率(2008年度)が97.5％という高い実績を残す。この就職率は国立大学では5年連続NO.1（07〜11年度）。教育地域科学部、医学部、工学部の3学部、学生数5,000人という典型的な地方の国立大学。就職率が高ければ、志願者は増え、優秀な学生が集まるという相乗効果も生む。「教員一人ひとりの研究を尊重し、地域と密着した特色ある研究で、世界的に優れた成果を発信。就職指導・相談などのサポートの充実が、高い就職率につながっています」と要因を述べる。しかし、これだけで国立大学トップの就職率が保てるのか、と疑問を抱いた。高い就職率の秘密を探ろうと、福井大学を訪れた。

高水準の就職率　国立大学でトップ

　この企画では、学長が登場する大学が大半だ。今回は、テーマを就職にしぼり、その秘密を聞き出すというねらいから就職現場の責任者にした。
　学務部就職支援室長の青山傳治(当時)。青山は、1971年に奉職、庶務・会計、大学病院の医療サービス課、総務企画課などを担当、2007年から就職支援室長になった。就職担当になって4年目、いま脂が乗っている。「学生にとって、就職は人生設計をしっかり考え、自ら学んだことを糧に社会に飛び出す極めて大事な第一歩。支援室の仕事は社会人へとステージを変える学生すべてが進路を決定し、社会人として大きな第一歩を踏み出せるよう、全力でサポートすること」
　青山から秘密を聞き出す前に、福井大学を紹介しよう。淵源は、1873年創立の福井師範学校の小学師範学科。1949年、福井師範学校・福井青年師範学校・福井工業専門学校を母体として新制福井大学が発足、学芸学部・工学部を設

置。66年、学芸学部を教育学部に改称。99年、教育学部を教育地域科学部に改称。2003年、福井大学と福井医科大学が統合し、(新)福井大学となる。04年、国立大学の独立行政法人化により国立大学法人福井大学に。

　3学部で、文京キャンパス(福井市)と松岡キャンパス(永平寺町)で大学院生を含む学生が学ぶ。工学部は50％が大学院(修士)に進む。「リーマンショック以降、企業は高度な専門教育を学んだ学生を望むようになりました」と青山。

　本題に入る。まず、就職実績から。学部別の2011年度卒業生の就職率は、教育地域科学部95.0％、医学部96.3％、工学部98.6％。「教育地域科学部の教職を取った学生と医学部の学生の就職は心配ない。教育地域科学部の教職を取らない学生と工学部の学生をどう就職させるか、に腐心しています」

　単刀直入に、高就職率の秘密は？と聞いた。「私たちの使命は、すべての学生が進路を決めて、元気に社会に出られるよう支援すること。就職率を上げるための仕事ではなく、あくまで最終的に結果がついてくる」。まずは模範解答。

　「具体的に？」と突っ込むと、就職関係の資料を見せながら話し出した。青山の話から、引き出した"秘密"は3つ。

　1つが、Webを活用した情報提供。「求人票閲覧システム」は、大学への全求人票(約2,900社)をパソコンや携帯から検索、閲覧できる。「学生支援e-supportシステム(現キャリアサポートシステム)」は、学生の携帯メールに、求人情報、企業説明会案内を全員・学科別・個別に配信する。「3、4年次の学生には『就活メルマガ』を配信。就職未定者に対しては、個別に希望業種の求人情報や激励メールを送っています。システムは、自主登録制ですが、ほぼ全員が加入。既卒者も登録できます」

　2つ目が、企業説明会。「学内合同企業説明会」は、OB・OGが在籍する企業や、同大学生を採用予定の人事担当者を招き開催。県内だけでなく全国から400社以上が参加。「志望先は大企業に集中しますが、中小企業に目を向けるよう指導。組織の歯車になるより、将来性、やりがいある優良な中小企業をさがせ、と」

　新たに始めたのが「個別企業説明会」。参加企業は1日1社。企業側は、採用

したい学部・学科の学生を指定。企業を招くことで学生は気軽に参加でき、経済的、時間的ハンディを縮減。「就職支援室は、支援システムにより企業の『売り』を事前配信。企業への関心が高い学生が、説明会に来ます」通年開催し、2012年度参加企業は151社。

青山傳治　就職支援室長（当時）

3つ目が、「助言教員」という制度。全教員が助言教員として、入学時に教員1名が学生数名を担当。3年次まで継続的な指導を行う。4年次は、卒業研究指導者が全般を指導。学生の孤立化対策にも一役買う。「入学時から3年間、同じ教授に師事できるために、様々な悩みを相談しやすい。就活がうまくいかなくても、ドロップアウトしない仕組みができています」

以上が、青山から聞いた"秘密"だが、正直なところ、同じように取り組んでいる大学もありそうだ。「福井大学と同じことをやれば、就職率は上がるということですか？」と嫌な質問をした。

「うーん」と首を傾げ、短く笑った。回答を求めるのは酷なので、青山が、さりげなく述べた話に着目。こっちも3つあり、秘密を補完するものだった。

1つは、福井県の県民性。福井県は共稼ぎ率約40％で全国一。女性の労働力人口比率は53.5％、女性の常勤雇用は80.6％と全国一。3世代同居率は17.6％で全国2位。完全失業率は2.8％で日本で2番目に低い。

「福井県人は働き者で芯が強く頑張り屋。3世代同居率の高いことは、女性の働きやすい環境があり、礼儀やマナー、コミュニケーション力などが世代を超えて身につき、働くことの大切さを学んでいます」

2つ目は、福井大学の卒業生の離職率の低さ。同大2008～10年までの卒業生の就職した企業191社への3年以内の離職率アンケートでは、3年以内の離職率は8.0％（全国の大学平均30.0％）、2年以内4.7％（同21.1％）、1年以内2.6％（同13.4％）だった。「しっかりした職業観を持つことを強く指導しています。自分の可能性を広げるため、企業とのミスマッチを生じないよう、学生は幅広く業界研究を行い、自分が目指す企業を見つけるよう指導してきました」

3つ目は、2004年からの国立大学の法人化。教職員は国家公務員から行政法人職員となった。自分の大学の学生の就職率を上げて、ブランド力を高める動きも出ている。福井大学もそうか？と問うと――。

「特色を出さないと生き残りは厳しくなるという認識は持った。繰り返すが、就職率を上げるのが目的ではない。学生数が少ないからきめ細かなフォローができるし、大都市の大学のように情報に惑わされることはない。地方の大学のハンディをプラスにしてきたという自負はあります」

　青山にも最近、悩みが……。働く意欲がわかないといった、しっかりした職業観がもてない学生が急増中。Webによる就職活動の氾濫で就職活動をやっている気持ちになっているだけの学生が見られる。

「入学時から将来を意識して大学生活を送るのが大事。学生の社会的・職業的自立には、企業とのさらなる連携が重要。意見交換などOBと触れ合いで、仕事に対する姿勢や情熱を感じ、働くことの大切さを学ぶ機会を増やしたい」

　青山は常に先を見ていて、次の手を打つ。これまでのきめ細かい就職支援が活かされるのはいうまでもない。こうした現場を知る就職支援室長がいる福井大学。ここの学生にとって心強いし、安心して学べる。

Information

ホームページ	http://www.u-fukui.ac.jp/
教育研究情報	教育紹介 http://www.u-fukui.ac.jp/user_admission/education/ 研究紹介 http://www.u-fukui.ac.jp/user_admission/research/index.html 福井大学学術機関リポジトリ http://repo.flib.u-fukui.ac.jp/dspace/
産学連携情報	産学官連携研究開発推進機構 http://www.oirs.u-fukui.ac.jp/
キャンパス情報	受験生応援サイト　FUKUDAI LIFE http://www.u-fukui.ac.jp/juken/index.html 学生生活・就職支援情報 http://www.u-fukui.ac.jp/cont_life/index.html

FIT 福岡工業大学

情報・環境・モノづくり領域において、九州NO.1の教育拠点をめざす

水と緑と光のエコキャンパス

【大学データ】
◎学長：下村輝夫
◎住所：〒811-0295
　福岡県福岡市東区和白東3-30-1
◎電話：092-606-3131〈代表〉
◎設立：1963年
◎学生：4,160名 ※2013年4月2日現在
◎教員：145名 ※2013年4月1日現在
◎職員：70名 ※2013年4月1日現在

◎学費：
　工学部・情報工学部 1,428,300円
　社会環境学部 1,090,300円
◎学部：
　［工学部］
　　電子情報工学科
　　生命環境科学科
　　知能機械工学科
　　電気工学科
　［情報工学部］
　　情報工学科
　　情報通信工学科
　　情報システム工学科
　　システムマネジメント学科
　［社会環境学部］
　　社会環境学科

【大学情報】

入学・修学

"For all the students"の理念のもと、"学生一人ひとりに対する丁寧な教育と教育支援・学生支援の達成"を合言葉に、情報、環境、モノづくりの3分野で社会に貢献できる能力とセンスをもつ人材育成を目指す。徹底的な就職サポートで、毎年高い就職内定率をキープ。2013年3月卒業者の内定率は96.4%。

外部連携

アメリカの協定大と相互で訪問し、世界で活躍できるリーダーを育成する「日米協同教育プログラム」がある。さらに、九州一の規模を誇る「モノづくりセンター」。本格的な工作機械を配備し、ソーラーカーやロボコンなど学生主体のプロジェクトが数多く進行中。

主な就職先（過去2年間）

富士通㈱／TOTO㈱／キヤノン㈱／西部ガス㈱／㈱九電工／㈱中電工／西部電気工業㈱／九州旅客鉄道㈱／西日本旅客鉄道㈱／ANA福岡空港㈱／㈱サイバーエージェント／NECフィールディング㈱／三和電子㈱／日本無線㈱／三菱電機システムサービス㈱／安川エンジニアリング㈱／㈱西日本シティ銀行／㈱JTB九州／福岡県教育委員会　他

Philosophy

(2010年10月13日)
就職教育と就職支援が後盾
苦難を乗り越え 先進的な経営管理と財務

　就職氷河期と言われる中、2013年3月の就職内定率96.4%と気を吐くのが福岡工業大学(下村輝夫学長)。同大のモットーの1つは「就職日本一」。高い就職率をバックアップするのが、専門・基礎教育と丁寧な就職支援。将来の目的にあわせた「履修登録のアドバイス」、教員による「オフィスアワー」、大学と家庭のコミュニケーションを図る「教育後援会懇談会」の実施。就職課職員が1人1学科を担当する「テリトリー制度」の導入。10年秋、同学のキャリア形成支援プログラムが文部科学省の10年度「大学生の就業力育成支援事業」に選定された。これらを下支えするのが先進的な経営管理システムや財務運営といった大学運営力。九州一を誇る就職力の源泉と、それを支える教育、研究の実際、そして大学運営力。これらの現状を学長に聞いた。

就職内定率96.4%「就職日本一」を目指す

　福岡工業大学(福工大)は、JR九州鹿児島本線で博多駅から快速で14分。福工大前駅で降りれば目の前に緑豊かなキャンパスが広がる。2008年3月、これまでのJR筑前新宮駅の名称が「福工大前駅」に変更された。

　福工大は1954年開設の福岡高等無線電信学校が前身。60年、福岡電子工業短期大学を、63年、福岡電波学園電子工業大学工学部を開設、66年、大学の名称を福岡工業大学に変更した。

　1997年、情報工学部を、2001年、文系の社会環境学部(社会環境学科)をそれぞれ新設した。現在、理系の工学部と情報工学部、文系の社会環境学部の3学部に、約4,500人の学生が学ぶ。

　学長の下村が福工大を語る。「情報・環境・モノづくりの3分野を主体に、目指すのは社会に貢献できる人材の育成。これに不可欠なのが『人間力』で、それは社会的なモラルであり、自立心を持って生き抜く力です」

もう1つのモットーは「一人ひとりに対する創造的能力とセンスを伸ばす丁寧な教育」。

「モノづくりに強い大学」と言われてきた。1999年発足の「モノづくりセンター」が後押しした。下村が説明する。「モノづくりセンターは課外活動として学生は自由に利用でき、ロボット、電気自動車、ソーラーカー、ビオトープなど8のプロジェクトがあり、様々な分野で成果をあげています。正課でも、モノづくり教育は動機付けなど教育研究の一環として推進しています」

下村輝夫　学長

ロボットでは、世界大会7回出場のロボカップや、国内大会9回出場のNHK大学ロボコン、ソーラーカーでは4時間耐久レースに8回出場するなどの実績がある。

強い就職力は次の数字で一目瞭然。2013年3月卒業生の就職内定率は96.4％（工学部98.9％、情報工学部94.1％、社会環境学部は95.5％）。この数字は九州の私大でトップクラス。

高い就職内定率を支える教職員一体となった専門・基礎教育と就職支援。「その前に……」と下村が話す。「ビジネス誌の大学ランクでは九州地区の私立大学で就職に力を入れている大学、面倒見が良い大学、専門分野が深く学べると思われる大学でそれぞれ1位にランクされました」

専門・基礎教育では、入学前教育から動機付け教育、資格取得支援など様々な取り組みを行い、入学から卒業まできめ細かで丁寧な教育を行う。

就職支援では、「1年次では、企業トップや講師を招き、挨拶やマナーの大切さ、社会へ出る意義などを学び、2年次では、各種ガイダンス、グループディスカッション、個人面談で就職意識を調査、3、4年次では、保護者ガイダンス、模擬面接、年10回の筆記試験対策を行っています」

学生が多くの企業とコンタクトできるよう、OBによる企業セミナー、合同企業面談会などを実施。学内合同企業面談会には、644社が参加、この面談

モノづくりセンターで活動するソーラーカープロジェクト

会を通じて内定をとる学生も多い。

　就職支援のユニークな取り組みの1つが、就職チャンスの平等を目的に始まった交通費支援制度。就職活動には出費がかさむもの。東京や大阪などの会社説明会や面談会に参加するための交通費はばかにならない。

　「関東・関西・東海地区の企業を受験する場合は往復交通費を、博多駅を基点に200km以上離れた出身県の企業を受験する場合は往復交通費の半額を支給します」。一人2回までで、2011年は延べ540人が利用した。

　もう1つが、卒業後1年間は就職のフォローを受けられる「プラスワンプロジェクト」。卒業時に就職できなかった学生は、卒業後1年間は無償で在学時とほぼ同様、学内就職行事への参加や支援を受けられる。

　福工大の学生のどういった面を企業は評価するのか。「人間力プラス創造力や協調性を伸ばす創成型教育で培った努力することを怠らない、結果を残す、礼儀正しい、といったあたりではないでしょうか」と下村。

　地域貢献も人間力育成に大きな役割を果たす。「1997年のキャンパスサミットを機に、学生と地域による周辺町内の清掃や古紙回収、校区のホームページ作成、地域の防犯パトロール、市民向けの生涯教育や図書館開放などを実施。地域との共生を図りつつ大学ブランドのさらなる向上を目指しています」

　順調にみえる福工大だが、苦難の時代も。18歳人口の減少に伴い志願者も減少傾向に。そこで「2005年に常務理事を議長に、学長、教職員からなる募集戦略会議を設置。様々なデータをもとに分析、検討を行い、ここで承認された募集活動の手法やデータを共有して教職員一体で取り組みました」

　その1つに、事務職員は高校訪問、教員は出前授業を担当するという教員と事務職員の役割の明確化がある。2006年には入試課と広報課を合体して入試広報部とし、学長が部長を兼務。こうした改革が実り、志願者は07年度から7年連続で増加を続けている。

福工大の経営理念は「For all the students」。これを旗印に大学経営を行う。MP（中期経営計画）の方針に基づきAP（行動計画）を策定。審査会〜中間報告会〜レビュー〜報告会〜成果発表会のサイクルで事業の計画性実現と継続的改善を行う。

　現在、第6次MPを実施中。この経営管理システムや財務運営は外部から高い評価を受け、国公私立大学756の大学ランキングで、経営戦略では13位、財務管理などでは25位と大学運営力は際立っている。

　「就職力は、この大学運営力に支えられています」と下村。「ようやく工と文の融合ができてきたので新学科設置を含む改組を計画している」。大学運営力と就業力・教育力という二重構造の力で福工大はモットーの「就職日本一」実現を目指す。

Information

ホームページ	http://www.fit.ac.jp/
研究情報	研究者情報データベース http://www.fit.ac.jp/research/
産学連携情報	http://www.fit.ac.jp/cro/
キャンパス情報	バーチャルキャンパス http://www.fit.ac.jp/shisetsu/campus/vl_campus

column 発酵学者はマルチ人間　東京農業大学名誉教授

小泉　武夫さん

（2011年4月6日）

■破天荒な"食の冒険家"
　大学生を叱咤激励　もっと冒険心や情熱を

　痛快な、いや破天荒な大学人である。肩書は農学者であり、発酵学者で、文筆家。大学の教壇に立つ傍ら、講演や執筆活動に精を出す。その合間にテレビやラジオに出演し、イベントにも顔を出す。それと並行して農水省の「食料自給率向上協議会」、「全国地産地消推進協議会」、「発酵文化推進機構」の会長や代表も務める。こうしたハードスケジュールの中、珍しい食べ物を求めて、世界中を駆け巡り、"食の冒険家"との異名をとる。著書は、『食の堕落と日本人』（小学館、2004年）、『発酵食品礼賛』（文藝春秋、1999年）など食に関するものが多く、エッセーや小説など百数十冊にも。日経新聞には『食あれば　楽あり』を19年間にわたり好評連載中。雑誌BRUTUS（2009年8月1日号）の「日本を再発見した24人」に、ブルーノ・タクト、小泉八雲、岡本太郎、司馬遼太郎らと並んで選ばれた。「日本人の食の知恵を多くの本に残した」が選定理由。こんな型破りな大学人、小泉武夫さんを直撃した。聞きしに勝る人物だった。

　1943年、福島県小野町で300年続いた造り酒屋に生まれた。「小さいときからの様々な生活環境が、その後の私の人生を大きく左右した」と小泉さん。

　風呂場には常に酒の匂いが立ち込めていた。「酒蔵で酒造りに使う木の樽や、酒をかき回す櫂棒などを大釜で湧かした熱湯で殺菌するのですが、その湯を捨てるのがもったいないので風呂の湯に使っていました」

　よちよち歩きを始めた頃。「あまりにも動き回るので祖母が三尺帯を2本つないで、その端に私を縛り、もう一方を柱に縛った。そして、左手に味噌、右手に身欠き鰊を持たせ、鰊に味噌をつけてしゃぶらせた。そうすると1時間は静かだった。これが私の味覚の原点」

　小学生時代。家の周りは自然が豊かだった。「何でも口にしました。シマヘビは、棒で叩いてその場で皮をむき、竹串に打って焚き火で焼いた。赤蛙も食べ

column

たが、名古屋コーチンや比内鶏に負けないくらいの味だと今でも思っている」

　この少年時代のことは、2009年4月28日から11年2月26日まで、地元紙の福島民報で小説「夕焼け小焼けで陽が昇る」のタイトルで連載していた。「1955年から63年の頃、セピア色の子ども時代を描いた。3分の1は自伝、いまの子どもたちが失った冒険、夢、希望、情熱、正義感を描きました」

　料理が得意な子どもだった。「親父が今でいうグルメで、酒の肴に鮒寿司を取り寄せたり、くさやを焼いたり……。母親を早く亡くしたこともあって、包丁やまな板を買ってくれた。2人して料理を作ったり、親父は食の先生だった」

　料理だけではなく、読書も好きな少年だった。『トムソーヤの冒険』をはじめ、数々の冒険物語を好んだ。中学生のとき、「将来は何になりたいか」と聞かれると、「躊躇せずに冒険家と答えていたほどです」

　こんな少年も、大学受験を迎える。「東北大学へ行きたかったが、家業が造り酒屋だったので、親父はうんと言わなかった。『日本酒の勉強をしてこい』と言われ、当時日本に1つしかなかった醸造学科のあった東京農業大学に進んだ」

　大学で興味を持ったのが発酵学。「大抵の学生は酒や味噌、醤油などを研究テーマに取り上げた。しかし、私の場合は父が鮒寿司やくさやを好んで食べており、私自身も小さいときから慣れ親しんでいた発酵食品の研究に没頭した」

　1966年、東京農大農学部醸造学科卒業。76年、博士論文「酵母の生成する香気に関する研究」で東京農大から農学博士号を取得。82年、東京農大応用生物科学部醸造科学科教授となる。

　そうそう、小泉さんは「あだ名は私の勲章」と胸を張る。「味覚人飛行物体」、「走る酒壺」、「鋼鉄の胃袋」、「発酵仮面」、「ムサボリッチ・カニスキー」……とあだ名も数知れず。あだ名から小泉さんの半生を追うと――。

　中学生のときのあだ名は、「歩く食糧事務所」。なんで、そんなあだ名が？「鞄の中に缶切りや割り箸、醤油、秋刀魚の蒲焼きや烏賊の丸煮、鯖の水煮などの缶詰、マヨネーズなどを入れて持ち歩いていました。通学路の周囲が畑ばかりでトマトもキュウリもあります。当時発売されたばかりのマヨネーズを重宝しました」

　大学生のときは「走る酒壺」と言われた。「酒豪の上、宴席からいつの間にかいなくなったり、不意に現れたりして飲み歩いていたからです」。東京農大を卒

業、「食の冒険家」になると、また、ユニークなあだ名がついた。

　まず、付いたのが「味覚人飛行物体」。「神出鬼没ぶりに拍車がかかりました。食や味覚を求めて日本国内だけではなく、海外をも飛行機で忙しく飛び回っている私を表現したようです」

　東京農大醸造科学科教授となった頃、月光仮面ならぬ「発酵仮面」。「世界の発酵食品を紹介したり、発酵関係の本を書いたりするうちに……」ついた。「ムサボリッチ・カニスキー」は、「カニを食べるのが上手で、ロシアのカムチャツカ半島でタラバガニを食べたとき……」につけられたという。

　「あたかも出世魚のごとく、次々と付けられたあだ名は私の勲章だと思っています。とくに気に入っている『味覚人飛行物体』は、今では商標登録しています」。平然と語る。大人の趣がある。

　このように、食の冒険家、作家やエッセイスト、発明家（食物・微生物関連で特許26件）と多方面で活躍しながら、国立民族博物館の研究員を務めた。「ここでの食文化の研究がその後の食の研究を深めた」と続ける。

　「食事がないと、民族も、民族の心も育てられない。日本の基本の食事は和食で、それで心が和んだ。根系、菜っ葉、青物・果実、豆、茸・海草、米、魚とミネラルのかたまりを食べてきた。究極の菜食主義者と言える。それが、この50年間で変わった」。このあたりから声が大きくなった。

　「日本の食がアングロサクソン化した。油はこれまでの5倍、肉も4倍も食べるようになり、生活習慣病が蔓延するようになった。今、私がやっている仕事は、日本人の食事を、欧米の食生活に頼らず、和食に戻すことなのです」

　いまや和食の伝道師。「この50年間で日本人のミネラル摂取は4分の1に減った。老化が早いとかキレやすいのは、このせいもある。和食にはミネラルが豊富、和食を食べるようになれば老化予防にもキレることもなくなる。体も心も本来の日本人に戻したい」

　TPP（環太平洋戦略経済連携協定）加盟問題について聞いた。菅首相（2011年現在）が加盟を打ち出したが日本の農業関係者の多くは反対する。

　「恐れることはない。地産地消で日本食を食べるようにすればいい。休耕田を開放して若者や会社を定年になった団塊世代の人たちに農業を勧めるのも一案だ。自給率をどんどん上げていくべき。農業を強くすれば外交も強くなる。食

column

べ物は戦略兵器でもある」

　大学生にエールを送ってほしい、と頼むと――。「もっと冒険心や情熱を持つべきで、生きている証拠を体で表せ。自分の殻から飛び出す、何にでも興味を持ち、それに向かって行動せよ。年上の人、社会に対してうやまう気持ちを持て」

　今の学生が歯がゆくてならないようだ。それでも、「アルバイトもいいけど、本分は学生であることを忘れないでほしい」と諭すように話す。型破りではあるが、本質は優しい大学人だと思う。

| こいずみ | たけお | 1943年、福島県小野町生まれ。66年、東京農大農学部醸造学科卒業。82年、東京農大応用生物科学部醸造科学科教授。2009年、東京農大を定年退職、琉球大学、鹿児島大学、別府大学、広島大学、新潟薬科大学の各客員教授を歴任。大学の教壇に立つ傍ら、学術調査を兼ねて世界の辺境を精力的に訪れる。日本の農学者、発酵学者、文筆家。東京農業大学名誉教授（農学博士）。専門は、発酵学、食品文化論、醸造学。近著に『不味い！』（新潮社、05年）や『くさいはうまい』（毎日新聞社、03年）、『冒険する舌』（集英社インターナショナル、03年）など。|

column 近畿大学職員は五輪メダリスト

山本　貴司さん

（2011年5月11日）

■スポーツ経験は社会で役立つ
　受験者数で明大抜きたい　入試広報分野を「力泳」

　大学職員という職業が大人気だという。大規模有名大学では、10人前後の採用に1000人以上の応募があるとか。「給与が高水準で、休みが多く、公務員ほど叩かれず、やりがいもまずまず」からだそうだ。それはともかく、大学職員の中でも、この人ぐらい華麗な経歴の持ち主はおるまい。近畿大学（畑博行学長、大阪府東大阪市）の入試センター入試広報課に勤務する山本貴司さん。競泳選手としてアトランタ、シドニー、アテネ五輪に連続出場。アテネでは200mバタフライで銀メダルを獲得、「ミスター・バタフライ」と称された。2001年、近畿大学を卒業後、同大職員に。08年から現役を引退してフルタイムの大学職員。11年現在、大学案内の制作やオープンキャンパスの企画運営、高校訪問などに大車輪の活躍。チームワーク、明朗さなどスポーツで培った力を十二分に発揮している。妻は、バルセロナ、アトランタ五輪の競泳日本代表の山本すずさん（旧姓千葉）で、4児の父。華麗な経歴は、いま生かされているのか？　山本さんに栄光の水泳人生と大学職員の恍惚と不安を聞いた。

　山本さんは、1978年、大阪市住之江区に生まれた。3歳から水泳を始める。「たまたま家の前にイトマンスイミングスクールがあったので、両親は、幼稚園入園前に一人っ子だった私に集団生活を身につけさせようと、とりあえず始めたみたいです」

　地元の北粉浜小学校、住吉第一中学校に通いながら水泳を続けた。どんな少年でした？「やんちゃでした。中学の頃は、しょっちゅう先生に怒られてました。陸上部顧問の先生は『集合時間を守らない』『ダラダラしてる』と言っては、すぐに『うさぎ跳び、行ってこい』という調子でした」

　反発のしようがなく、それほど先生は絶対的だった、と述懐する。「あの頃は、『なんで、こんなことさせられんねん』と思ってましたけど、今思えば、それが

column

よかったんですね。人間として最低限必要なマナーとか、ルールとかをこれでもかというくらい叩き込まれましたから」

中学3年のときに、中学新記録を出して頭角を現わす。「小学校卒業のときには『将来の夢は五輪に行くこと』と言っていましたが、周りは『どうなることか』という感じでした。僕も、水泳が楽しいというよりは、友だちとワイワイ遊ぶのが楽しくて、続けていたようなものです」

1996年、近大附属高3年のときアトランタ五輪に初出場。高校生になって記録を意識し出した。「記録が伸びなかったり、肩を故障したりで、しんどいときもありましたね。でも、そういうときには必ず何のためにやっているのか、目標を達成するためには、今頑張らないでいつ頑張るんだと、気持ちを奮い立たせていました。」

1997年、近畿大学商経学部に入学。2000年の4年生のとき、シドニー五輪に出場。01年に同大学を卒業、同年4月から近畿大学職員に。03年のバルセロナの世界水泳選手権で、200mバタフライで銀メダルを獲得。ゴール直後に結婚指輪にキスをして、スタンド席の妻に喜びを伝えたことが話題になった。

翌04年のアテネ五輪で2つのメダルを取った。「競泳の選手として力は、一番のピークでした。前年のバルセロナ世界水泳でメダルを取ったことで、五輪でもメダルを取る自信はありました」

日本チームのムードメーカー的な存在。平泳ぎの金メダリスト、北島康介は「シドニー五輪から僕の面倒を見てくれたお兄ちゃんみたいな先輩。2005年の世界選手権の後に『もう一回やりましょうよ』と声をかけたら、『もうあかんやろ』と言いながらも練習を始めてくれました」と話す。

2008年の北京五輪代表選考会の男子100mバタフライで4位に終わり、代表落ちが決定。山本さんは引退を表明した。「これが最後だと思ってやってきた。完全に燃え尽きました」。さわやかな退場劇だった。

「引退には、最高のとき退くのとボロボロになって引くのと2つあると思う。僕は、自分が必死になり結果を追い求める姿を後輩がみて成長してもらいたかった。最後の選考会には家族、友人に交じって両親が見に来てくれた。レース前に父から届いた留守電は、今もとってある」

どんな電話でした？「何、緊張しとんねん。最後のレース、思い切って頑張っ

column

て来い。みんな応援してんねんから」

　大学職員としての仕事は、2005年から午前中は水泳部のコーチ、午後は入試広報の業務をした。08年からは水泳部コーチの肩書きのまま、入試広報専従になった。現在の仕事を聞いた。

「入学センターには29人の職員がいます。大学案内の作成では、高校生らが知りたい情報を近大生にヒアリングし、近畿大学の魅力を追求しています。オープンキャンパスや高校訪問では、自分の体験談を話すこともあります」

　五輪メダリストの肩書は入試広報の仕事にはプラスでは？「いまの高校生は、僕のことは知りませんよ。親の世代は知っているようですが……」。短く笑った。

　総務部広報課長の角野昌之の山本評。「スポーツをやってきたのでチームワークやコミュニケーションを大事にして、入試広報全体を引っ張っています。偉ぶらず、明るい人柄は職場の活性化につながっているし、実績も残しています」

　大学職員という仕事は楽しいですか？「高校生と直接、顔と顔を合わせて大学の魅力を伝えることができる今の仕事はやりがいもあるし、面白い。高校訪問などで顔を合わせた受験生が入学して『あのときの人だ』と声をかけてくることもある」

　こう続けた。「入試広報の仕事は、数字にはっきり出るので厳しいけどやりがいがある」。スポーツと一緒ですね、と聞くと、ニヤッとしたあと「2011年3月27日のオープンキャンパスの参加者は2,136人と10年を上回りました。他の大学が参加者を減らしたという中、健闘したと思う」

　水泳をやってきたことは今の仕事に役立ってますか？「水泳では人間性を育ててもらい、上下関係も厳しく鍛えられました。そして、自分の夢に向かって、目標を設定し、どうすればクリアできるか、日々そう考えながらやってきた。こうしたことはプラスになっているかもしれません」

　後輩に伝えたいことは？「大学でのスポーツの経験は社会に出てから通用するし、決して無駄にならない。『人に愛される人、人に信頼される人、人に尊敬される人』という近畿大学の教育の目的を忘れず、社会に出たとき、認められる人材になってほしい」

　いま、泳いでますか？「引退後は、子どもと流れるプールに入るぐらい」。すずさんとの子どもさんは、素晴らしい水泳選手になると思うけど、と尋ねた。

column

「自分のやりたいことをやらせたい。本人がサッカーをやりたいと言えば、それでいい。好きでのめり込むものが結果を残すことができる。自分も水泳が好きだったから、ここまできたと思う」

高校、大学と後輩で、ロンドン五輪メダリストの背泳ぎ、入江陵介のことも聞いた。「技術的にはトップクラスで、泳ぎも世界一。あとは経験を積んでいけば、必ず結果を出せると思います」

大学職員としての夢を聞かせてください。「受験者数で日本一の明治大学（2011年度11万3,864人）を抜きたい。近畿大は10年10万人を突破し、11年は11万人台に乗りました。（数字にこだわるのは？）それだけ近畿大学を評価してくれた結果だと思うから」

五輪メダリストは、受験者数という数字（記録）にこだわりをみせた。長年、水泳選手として記録を意識してきた性(さが)かも知れない。嫌な質問に明るく明確に、そして大学のPRも忘れずに答えた。バタフライの名選手は名大学広報マンに孵化した。

| やまもと | たかし | 1978年、大阪府大阪市生まれ。「ミスター・バタフライ」と称された日本の男子競泳の名選手。五輪など国内外の大舞台で広く活躍。アトランタ、シドニー、アテネ五輪に連続出場。アテネでは、200mバタフライで銀メダル、400mメドレーリレーで銅メダルを獲得した。元競泳選手（91年世界水泳選手権大会銅メダリスト）の千葉すずさんと結婚し、4人の子どもを持つ父親でもある。関西テレビのニュース番組でスポーツキャスターを担当したこともある。 |

> column

大学改革のフロントランナー
橋場　文昭さん

（2011年6月1日）

■数々の改革を次々、断行　財政を改革UIも確立
　志願者を5年で2倍に

　伝説の大学人と言われる。大学間競争の厳しい時代の中で、次々と改革を行ってきた。5年間で入学志願者35,000人を72,000人にした。これだけではない。教養科目の改革、キャンパスの再開発、大学財政の改革、UI（ユニバーシティ・アイデンティティ）の確立などを展開。さらに、10年間で5学部を10学部に拡大し、社会人向け大学院や団塊の世代向けの立教セカンドステージ大学を設立した。この大学改革のフロンティアたる学校法人立教学院総務部主幹の橋場文昭さんの講演を聞く機会があった。講演を聞いて、「われら大学人」にふさわしいと思い、橋場さんの許しを得て、この講演をもとに記事をまとめた。どのような視点で大学改革を考えるべきか、財政改革はどうするか、改革は、どのような体制や組織で進めたらよいのか、理事会や教授会を説得する方法は……。大学が抱える様々な問題を、20年以上にわたって大学改革を推し進めてきた大学人から学ぶ。

　5月上旬、フジサンケイグループの一員であるエフシージー総合研究所（本社：東京都品川区）が開催した「大学広報セミナー」。橋場さんは、「大学改革のポイントとは何か」をテーマに講演。「動かなければ変わらない」と話し出した。

■35年間の立教勤務

　1975年、立教学院用度課に就職。以来、いろんな仕事をしてきた。総務部用度課では、「UIプロジェクト」に取り組みブランディングの大事さを学んだ。総長室企画課では、新キャンパス開発計画に携わり、教育の中身を変えていくためには、それと一体となった環境の整備・充実が不可欠であることを知った。

　学務部学務課と設置準備室では、教育の改革に取り組んだ。それまで、立教大学は『キリスト教、長嶋茂雄、赤レンガ』のイメージが強かった。これを変

column

えるべく、教養科目の改革や学部学科の新設再編を行ってきた。

5年間で入学志願者を3万人台から7万人台にした入試戦略の話だが、これは「受験生を2倍にしよう」と単純な発想で始めた。センター入試を採用し、学部を2度受けられる試験制度を取り入れたのが嚆矢だった。

高校訪問では人海戦術を使った。最重点高校、重点高校などと色分けして、立教の学費、教育内容、就職などが一目でわかる手帳をつくり、それを持って進路指導の先生を訪問。職員全員がセールスマンという気概がみなぎっていた。

その後、神奈川県からの志願者を増やそうと行ったのが「エリア戦略プロジェクトK（神奈川）」。同県内の高校の校長と本学総長の食事する場を設け、そのあと、職員が高校を訪れた。同時に、県内の主要駅や電車内にポスターを貼り、大学主催のイベントも企画した。「プロジェクトK」は大きな成果をあげた。

■いま大学は再構築期

わが国の大学の創設期は、家族的な私塾で、エリートが集まった。法、文といった1文字学部だった。戦後の高度成長と重なる拡張期になると、大学の大衆化が進みマスプロ教育で、経営、理工といった2文字学部が増えた。

いまは、再構築期にある。共存から競争へ、量から質へという流れだ。中でも、国際何とか学部とか多文字の学部をつくれば受験生は増える、なんて言われもした。マンモス化が進み、上位20％の大学が市場の80％を押さえている。

立教大学はどう動いたか。いい教育をするには、いい施設が必要。いい施設をつくるには財政的裏付けがないと駄目だ。取り組んだのは①学士課程の見直し②少人数教育の実現③語学教育の充実の3つで、「英語力の立教の復活」をねらった。

語学力強化に伴う少人数授業は、大勢は20人だったが、8人にまで下げた。

■財政情報の公開を

財政改革の前に行うべきは、財政情報の公開だ。大学改革のはじめの1歩は財政開示と言ってもいい。とにかく、パンフレットなどでわかりやすく、教職員全員で大学の財政状況を共有化することが肝要だ。

学長や財務担当理事は、繰り返し、何度も財政状況を伝え、「ない袖は振れな

column

い」ということを学内に向けて明確にすることだ。財政改善だけが目的ではないことを伝え、将来計画の策定と中長期財政改革を提示すること。

　職員は、単年度収支だけでなく、中長期財政計画の財務比率の徹底理解が求められる。「基本金・資産はどうなっているのか」、「補助金はどのような傾向にあるのか」、人件費の見直し（多様な雇用）に関しては、「業務の外注・委託化の可能性は」、「職員の非選任化は」などを検討する必要がある。

■教学改革のポイント

　これからの大学の教育改革のポイントは、①学士課程教育の再構築（入口から出口まで）②少人数教育、③自校教育（自分の大学に愛着を持たせる仕掛けをつくる）、④語学教育、⑤品質保証の1つとしてのキャリア教育――の5つ。

　これらを実現するためには、教学改革は点でなく、面でとらえて、同時に大胆に行う必要がある。目的は、利益代表のためでなく、大学の将来のためであることを忘れてはいけない。手法としては、学内の英知の結集と人的資源の有効活用、再配置が求められる。4年たったら見直すのを原則にすべきだ。

　教学改革では、教員の働き方を再考する必要がある。既得権を廃し、数字でルール化を図るべき。大学設置基準を確認し、それぞれの大学にあった算出方法で行うべき。専任教員数▽学部別の展開コマ上限▽専任教員1人あたりの担当コマ上限を設定し、学部管轄人件費によって学部の自由裁量による任期制教員の配置も考慮したほうがいい。

■大事なブランド力

　ブランディングについて話そう。かつて、つぶれる大学3条件と言われたのが、地方の大学、女子短大、ミッション系大学だった。それぞれ、マーケット、4年制志向、学生のニーズなどが要因とされた。

　こうした中、ブランド作りで成功したのが上智大学と立命館大学。上智大は戦前はパッとしなかったが、四谷という場所、語学教育強化で女子学生の就職率を上げ、それに男子学生が引っ張られた。立命館大は職員自らが、アカイ、ダサイ、クライと言っていた。それを職員出身の理事長が危機感を持って改革に取り組み、キャンパス移転、学部新設などで西の大学の雄に。2つの大学か

column

らは学ぶべきことが多い。

■あるべき大学広報

　これからの大学広報については、6つのことをあげたい。①伝えるのは1つで、繰り返し伝える、でないと浸透しない。②選択と集中。ある学部を取り上げると、他の学部も、となる。そうなると、話題が薄まってしまう。とんがることが大事だ。③優先するのはニーズかシーズか。客（受験生）が何を求めているか、調査してから実施するのでは遅い。仮説を立てて、もしかしたら売れる、と判断すべき。ソニーのウォークマンが売れたのは、このシーズだった。④新聞広告など広告費は人集めに使うべき。創立100周年のみの訴求では効果はない。連続記念講演とかイベントをからませるのが肝要。⑤大学の評判をどう作るか。マスコミの教育担当記者や大学の専門紙などに取材してもらうのも一案。大学担当の記者らに自分の大学を知ってもらうと、そこから、大学の姿がじわじわと浸透する。⑥パートナー（代理店）選び。その代理店は、大学に理解があり、成功事例があるか。提案し、ライバル会社を意識しているか、営業マンは顔が見えるか、などから決めるべき。

■大切な3つのワーク

　最後に、大学広報マンとして、大事なことを話したい。それは、3つのワークである。それは、チームワーク、フットワーク、ネットワーク。私は、企画課長の頃、5時から仕事をした。学部再編で学部長らと飲みながら喧嘩して話をまとめたものだ。

　大学職員の仕事は、机の上だけではないことを知ってほしい。仕事を通して人間を磨き、人間を豊かにすることを忘れてはいけない。改革は一朝一夕にはできない。3つのワークで長期戦覚悟でやってほしい。

| はしば | ふみあき | 1949年、東京都生まれ。立教大学経済学部経営学科卒業。大学院文学研究科で学び、その後、アメリカで組織開発・地域開発・戦略立案方法の研究及びプロジェクトに従事。75年、立教学院に勤務。企画課長・広報渉外部長・総長室事務部長・企画部長を経て、2007年から10年3月まで立教学院常務理事兼総長補佐。現在、学校法人立教学院総務部主幹。これまで、UIプロジェクト・新学部設置・社会人向け大学院の設置・キャンパス整備計画・長期財政計画・ブランディング戦略などを担当するとともに、大学及び法人各校の経営戦略の立案を手掛けた。 |

自分を超える力をつける

福岡歯科大学

福岡歯科大学と福岡歯科大学医科歯科総合病院

◎学費：
26,300,000円
（2013年4月以降入学者）
◎学部：
[口腔歯学部]
口腔歯学科

【大学データ】
◎学長：北村憲司
◎住所：〒814-0193
福岡県福岡市早良区田村2-15-1
◎電話：092-801-0411
◎設立：1973年
◎学生：582名 ※2013年5月1日現在
◎教員：142名 ※2013年5月1日現在
◎職員：事務職62名 ※2013年5月1日現在

【大学情報】

入学・修学

全国に先駆け従来の歯学に一般医学・福祉の要素を取り入れた、より総合的な「口腔医学教育」を実践。それを踏まえ、2013年4月から学部学科名を「口腔歯学部・口腔歯学科」へ変更。また、きめ細かい学生サポートを目的として助言教員制度、スチューデントアシスタント制度などを導入し、その他、経済的理由により就学困難となった学生等に様々な奨学制度を設け、充実した修学支援を行う。

外部連携

カナダ、中国、韓国、ミャンマーの大学と姉妹校協定等を締結し、学生交流・研究交流等を行う。また、全国の公私立歯科・医科大学8大学との「戦略的大学連携事業」のほか、福岡市内の西部地区5大学で構成する「西部地区五大学連携懇話会」、地下鉄七隈線沿線の3大学で構成する「地下鉄七隈線沿線三大学連絡協議会」を設立、他大学と連携し、活発に教育・研究・地域との交流を行っている。

主な就職先（過去2年間）

国家試験合格後1年間の臨床研修期間を経た後、福岡歯科大学医科歯科総合病院や個人開業歯科医院等へ就職。なお、年間15名程度が大学院へ進学している。

Philosophy

福岡歯科大学

（2011年10月12日）
歯学から口腔医学へ
医学と歯学の一元化を

　一人の人物が大学の性格を決定付けてしまうことがある。福岡歯科大学（田中健藏理事長、北村憲司学長）は、西日本唯一の私立歯科大学。開学以来、4,000余名の卒業生を送り出し、全国でも有数の歯科医学教育・研究の場となった。中興の祖が、元九州大学学長で理事長の田中健藏である。モットーは「学生が意欲を持って学び、卒業生が誇れる母校、地域の歯科医療・保健・福祉への貢献、医歯学の進展への寄与」。1992年の理事長就任以来、将来構想や中期構想を立案して実施。歯科医師国家試験の合格率を全国上位に押し上げるとともに、地域貢献や教育・研究の場として介護老人保健施設と特別養護老人ホームを設置。特筆されるのは、「歯学から口腔医学へ」の旗を掲げて、「口腔医学」の学問体系の創設・育成、歯学・医学の一元化に力を注いでいることだ。手掛けた改革や大学経営、そして口腔医学について理事長の田中に聞いた。

国家試験の合格率向上　理事長の改革が結実

　福岡歯科大学は、福岡市西部に位置する。地域の医療センターとしての福岡歯科大学医科歯科総合病院がある。臨床実習の場でもあり、歯科だけでなく医科（内科、外科、整形外科、耳鼻咽喉科、形成・美容外科、眼科、麻酔科、放射線診断科、小児科、心療内科）の診療科がある。

　1973年に開学。81年、附属歯科衛生専門学校を開設、97年、同校を福岡医療短期大学に改組。85年に福岡歯科大学大学院歯学研究科を開学。歴史の新しいフレッシュな大学である。教育・研究、診療面から尋ねた。

　教育面から。「教育目標は、教養・良識及び国際感覚を備えた優秀な歯科医師を育成し、社会の医療福祉に貢献するとともに、歯科医学の進展に寄与することです。これらを達成するため6年一貫教育システムを導入しました」

　「この独自の教育システムは、教養科目、専門基礎科目、専門臨床科目及び

臨床実習が段階的に学べるようカリキュラムを編成しました。また、学生の勉学や生活上の問題に対し、助言教員を配置し、きめ細かく対応しています」

研究面では、同大学の共同研究プロジェクト「疾患における遺伝的、環境的要因の相互作用とその制御」が1998年、文部科学省の「学術フロンティア推進拠点」に選定された。これは、2003年に継続事業になった。

2008年には先端科学研究センターを設立。ゲノムと環境因子の相互作用に関する研究プロジェクトが開始された。10年に「生体内環境を調和する硬組織再建システム」が文部科学省より採択され、再生医学研究センターを設立、12年には「老化の抑制と疾患の制御における環境ストレスとゲノムの応答」が文部科学省より採択され老化制御研究センターを設立。「研究センターには多くの最新設備が備えられ、多数の大学院生がこの施設を利用し研究しています」

診療面では、2005年、中期構想に掲げた「口腔医学の確立」の一環として、附属病院名を「福岡歯科大学医科歯科総合病院」に改称。隣接医科の充実を図り、13年には小児科と整形外科を開設。11年には臨床実習の拡充、地域医療への協力等のため、博多駅前に「福岡歯科大学口腔医療センター」を開設した。

田中本人の話に移る。1922年、東京生まれ。46年、九州大学医学部卒業、63年、九大医学部教授、75年、医学部長、81年から九大学長を務めた。「世界の九州大学」を目指して九大の発展、国際化に貢献した。

田中の父親は東京医科歯科大を出た歯科医で、東京の日本橋で開業した。関東大震災で医院はつぶれ、これを機に父親は、九州・佐世保の海軍病院に勤務することになった。「親子3人で佐世保に来ました。父は『大学を出た医者は中尉で、医科専門学校出は少尉、歯科医は嘱託』とよく話していました。ここに、私が主張している"医学と歯学の一元化"の原点があります」

田中は、1992年から福岡歯科大学理事長に就任した。当時、私立歯科大学を取り巻く情勢は、少子化、高齢化、教育の大衆化、歯科医師需給など極めて厳しい状況にあった。

最初に手掛けたのは財務の健全化。「予算は1994年から学長重点配分経費、

福岡歯科大学

病院長重点配分経費を設け、教育・研究経費の重点配分を実施。将来計画の実現のため、93年から隣接地の取得を開始し、1万㎡に及ぶ用地を拡充しました」

田中健藏　理事長

続けて、「福岡歯科学園の新世紀へむけての将来構想」(2000年)、「福岡歯科学園の中期構想」(04年)を掲げ、諸施策を断行した。時系列でみると──。

2001年、大講座制を導入。「科学の進歩、歯科医療の変化、社会の変化に対応できる弾力的な教員組織作りを行った。4部門、13講座、30分野からなる大講座制に改組。大学活性化を図るため重点配置教員制度を取り入れました」

2004年、教職員の人事考課制度導入。「教職員が設定した目標の達成度やその業績、意欲・態度を評価し、有する能力を育成・活用した。これにより、結果を処遇に適正に反映させて学園の活性化が図られた」

2005年には、教員の任期制導入。「学園の将来を見据えて、全教員を対象にしました。教授、准教授、講師の任期を5年、助教を3年にし、任期満了となる教員の再任審議は教員評価委員会が行うようにしました」13年からは事務局管理職員の任期制も導入した。

さて、「口腔医学」について語ってもらおう。「歯科医学」から、口腔を1つの臓器とみなし、その機能全体を向上させる「口腔医学」への脱皮である。なぜ、いま、口腔医学なのですか？

「近年、超高齢社会の到来、病気の種類・頻度の変化、患者さんのニーズの多様化、口腔疾患と全身疾患との関連、高齢有病歯科患者の増加等に対応するには、治療の対象を歯とその周囲組織のみに限定せず、口腔機能や全身状態並びに患者さんの気持ちを十分理解して医療を行うことが必須条件です」

「一般医科の基礎的知識を持ち、医師と連携のできる医療人の育成が目標。口腔という臓器の疾患への高度な知識・技術に加えて、全身疾患を学び、医学全般の研鑽を積むことのできる歯学教育の改善・充実に取り組んでいます」

13年には、その取り組みを公にし、歯科医学教育や歯科医療の実態に即した名称とするため、学部・学科の名称を「口腔歯学部・口腔歯学科」に変更した。
　―歯科大学の取り組みでは訴求が弱いのでは？「口腔医学という新しい歯学教育を提案、全国の8大学で連携しました。現在の医師・歯科医師育成のあり方、医学部・歯学部の設置形態についても検討し、医学・歯学を統合した一体教育を実施します」
　8大学(福岡歯科大を代表校に、北海道医療大、岩手医科大、昭和大、神奈川歯科大、鶴見大、九州歯科大、福岡大)が連携した「口腔医学の学問体系の確立と医学・歯学教育体制の再考」は、2008年度の文科省戦略的大学連携支援事業に選定された。
　「法制度を含めた改革を厚労省や文科省、医科学会や歯科学会に働きかけています。医学と歯学の一元化は時代の流れ、どんどん発信していきたい」
　福岡歯科大学では、カナダのブリティッシュコロンビア大学、中国の上海交通大学口腔医学院、中国医科大学口腔医学院、韓国の慶熙大學校歯科大学、ミャンマーのヤンゴン歯科大学歯学部等と姉妹校協定等を締結し、学生交流・研究交流を実施している。
　田中は、最後にこう話した。「経済・社会・文化の変革期にある日本で、歯学教育は厳しい状況に直面しています。しかし、福岡歯科大学は、教職員と学生の勇気と才気によって、口腔医学の未来を切り拓いています。いま行っている活動が、未来の歯科医学の希望への道となると固く信じています」
　田中の頭の中、いや全身が口腔医学でいっぱいだ。その未来は、田中のリーダーシップと教職員と学生の情熱と英知で、必ずや切り拓けるに違いない。

Information

ホームページ　　http://www.fdcnet.ac.jp/

北海道とともに128年の歴史。

北海学園大学

豊平キャンパス

◎教員：238名
◎職員：127名
◎学費：初年度納入金（入学金等含む）
　[1部]　1,204,000 ～ 1,552,000 円
　[2部]　609,000 ～ 621,000 円
◎学部：
【1部】
[経済学部]経済学科／地域経済学科
[経営学部]経営学科／経営情報学科
[法学部]法律学科／政治学科
[人文学部]日本文化学科／英米文化学科
[工学部]社会環境工学科／建築学科／
　　　　電子情報工学科／生命工学科
【2部】
[経済学部]経済学科／地域経済学科
[経営学部]経営学科
[法学部]法律学科／政治学科
[人文学部]日本文化学科／英米文化学科

【大学データ】
◎学長：木村和範
◎住所：[豊平キャンパス]〒062-8605
　　　北海道札幌市豊平区旭町4-1-40
　　　[山鼻キャンパス（工学部）]〒064-0926
　　　北海道札幌市中央区南26条西11-1-1
◎電話：011-841-1161〈代表〉
◎設立：1952年
◎学生：8,351名　※2013年3月1日現在

【大学情報】

入学・修学

開拓者精神（建学の精神）を心に抱き、現代社会を支える重要な諸分野に対する学問的基盤を与える各学部が掲げる理念を理解し、その下に展開される学問と実践の諸課題を素材として主体的に学び、自ら考え、自ら責任をもって行動し、自信と勇気をもって自らの可能性に挑戦することにより、積極的に社会の発展に貢献しようとする人を求める。

外部連携

北海道内はもとより、様々な地域社会と連携。社会貢献、大学間連携、産学官連携を積極的に行う。また、国際交流を円滑に進めるために海外8大学と交流協定を結び、学生交換事業や学術交流を行う。

主な就職先（過去2年間）

大和ハウス工業㈱／北海道旅客鉄道㈱／㈱AIRDO／ANA新千歳空港㈱／㈱北海道新聞社／東日本電信電話㈱／北海道文化放送㈱／㈱北洋銀行／㈱北海道銀行／野村證券㈱／㈱ニトリ／㈱札幌丸井三越／三菱UFJモルガン・スタンレー証券㈱／大正製薬㈱／コーセー化粧品販売㈱／国家公務員総合職・一般職／裁判所職員一般職／北海道職員上級・中級／札幌市職員／北海道警察　他

Philosophy

(2011年7月13日)
地域性と国際性を志向
初年次教育などの改革　公務員採用に高い実績

　建学の精神は、「開拓者精神」である。北海学園大学(木村和範学長)は、道内では最古で最大規模の私立大学で、5学部・12学科を持つ総合大学。附属の開発研究所は、建学の精神に基づき1957年に設立され、北海道における私大初のシンクタンクとして、現在も喫緊の地域的課題に対応している。教育・研究では地域性と国際性を志向しているのが特長。学生は、道内出身者が9割近くを占め、就職に道内勤務地を希望する学生が多い。公務員志望の学生が多く、国家公務員一般職の合格ランキングでは全国私大のトップクラス。文系4学部は、道内では現在唯一の2部(夜間部)を設置。全国的に夜間学部が減少する中、様々な学びのあり方に応え続ける。開拓者精神はどう継承されているのか、教育研究の改革、北海学園大学の現在とこれから、などを学長に聞いた。

道内最古最大規模　「開拓者精神」で歩む

　〈北の大地に力強く生き続けてきた北海学園120年の歴史の背景に、1952年、北海学園大学が誕生しました。まさに北の大地は母の大地となり、"徒に官に依拠せず自らの努力をもつて立つ"という自主独立の「開拓者精神」を使命として、本学は創設されました〉。建学の精神は、同大HP冒頭に刻まれている。

　交通アクセスのよさに驚いた。札幌市営地下鉄東豊線の学園前駅の3番出口を抜けると、そのままキャンパスに。1994年に完成した地下鉄駅「学園前」のおかげで大学直結となった。キャンパスには、系列校の北海高校、北海学園札幌高校の校舎等が併設されている。

　北海学園大学は、1885年に設立された北海英語学校(現在の北海高等学校)が淵源。1950年、北海短期大学を設立、52年に経済学部単一学部で北海学園大学が設立された。64年、法学部を設置。68年には、山鼻キャンパスの短大土木科を工学部に改組転換した。90年代から改革にギアが入った。93年に人

文学部、2003年に経営学部を設置(経済学部経営学科から分離・独立)した。現在、豊平キャンパスと山鼻キャンパスに、約8,500人の学生が学ぶ。

学長の木村が大学を語る。「建学の精神である『開拓者精神』は、新しい時代の変化にも"自由と不撓の精神"として息づいています。建学の精神と時代の先端を行く知識や技術を身につけたグローバルな視点をもつ学生の育成に全力を傾けてきました。本学の学生は、自ら挑戦していくという気概があります」

木村和範　学長

木村によれば、㈻北海学園は、日本の2つの大きな歴史的転換点で北海道の教育振興に貢献した。第1は1885年の北海英語学校の開学で、明治という新時代を切り拓いたこと。第2は戦後の混乱期に有為の人材を輩出すべく北海道初の4年制私立大学の設立と、1957年には開発研究所を設置したことだ。

「開発研究所は、1950年に制定された北海道開発法により、戦後復興の段階から本格的な北海道開発計画が展開されようとする時期に設立されました。時代的要請もありましたが、北海道開発に貢献してきたという自負はあります」

半世紀を経過し、開発研究所は、現在、各学部の教員100人以上が研究員として在籍。『人口減少下における地域の発展可能性に関する実証的総合研究(平成18(2006)—平成20(2008)年度)』など研究成果は数多くある。

同研究所は、毎年「開発特別講座」を開催してきたほか、道民や道内の研究者を対象として年間数回の講演会または研究会を行っている。「このように学問研究蓄積を地域に還元することも、地域貢献のもう1つのあり方だと思います」

2部の社会的意義

夜間に開講される2部(4年制)だが、1部(昼間部)とほぼ同一のカリキュラムを整備している。2005年には道内2校目の法科大学院を設置したが、ここも夜間履修が可能となっている。

「全国的に見て、多くの大学が2部を廃止しています。しかし、本学は2部のもつ社会的意義は依然として存在すると考えています。高校卒業時には大学

2013年4月新施設完成した山鼻キャンパス

進学を断念せざるを得なかった人たちや、子育てが済み、自分で授業料を出して学ぶ人も多い」

現役学生を支えるOB・OGのネットワーク

　道内初の私立大学として開学、すでに8万名に近い卒業者を送り出している。「政財界をはじめ官庁への進出も目覚ましく、また民間企業では、900名に迫る優良企業の経営者を生み出し道内社長の出身大学として最多となりました(2012年度)」

　家具のニトリの創業者社長である似鳥昭雄は経済学部OB。ニトリ寄附講座「チェーンストア論」は経営学部の正規科目として開講、似鳥が自ら教壇に立ち講義を行っている。「このような市民公開講座にも力を入れています」

　厳しさを増す就職環境の中、北海学園大学は安定した実績を維持している。「きめ細かい就職指導・支援と、全国に広がる卒業生のネットワークが、高い就職率の原動力になっています」と木村。具体的な就職支援を聞いた。「公務員就職希望者と民間企業就職希望者を分けて指導。下級年次から大学生活の行動や経験をチェックし、『何をしたいのか』、『何ができるのか』、『何をしなければならないのか』を考えさせ、学生の持つ潜在能力を顕在能力に置き換えられるように目標課題を設定し、自己分析させています」

　公務員試験に強い理由は？「2年生後期から公務員希望者を対象に公務員試験対策講座を開講。3年生からは公務員ガイダンスが年間4回、現役合格した4年生を講師とした「公務員勉強会」が8回。延べ15回にも及ぶ学内公務員模擬試験を実施、公務員試験の1次合格者には徹底した面接指導を行っています」

　「民間企業組も頑張っています」と続けた。「低学年のうちから学生の就職意識を向上してもらうことを目的に、各種の就職支援講座を開講。個人面接の実施、履歴書・エントリーシートの記載や模擬面接などきめ細やかな指導や相談に応じています。何よりも学生本人が就職に対する意識を強くもっています」

学士課程の質保証

教育研究の改革について、木村は、2つあげた。基礎ゼミの導入など初年次教育の見直し・充実と学習支援のシステム構築。2つとも、2005～11年までの先代学長の朝倉利光のもとで、検討されて運用されてきた。「これらを発展継承したい」と語った。

　初年次教育の見直しと充実。「2011年から1年生に対する教育のあり方をさらに改革し、幅広い教養が一層身につきやすい科目を新設しました。専門科目と教養科目とをバランスよく履修することによって、知識を知恵に替える、そのような資質に優れた、知性溢れる人材を育成していきたい」

　学習支援のシステム構築。「これにより、教育内容が充実した。時代の変化、環境の変化に柔軟に対応できる知識の習得が可能なカリキュラム編成を心がけ、研究と教育のバランスをとって大学としての社会的使命を果たしていきたい」

　道内で最古、最大規模の私立大学の今後について聞いた。「志を立てて本学に入学した学生が、本学を選択したことに間違いはなかった、そう言って卒業できる基盤はでき上がった」

　「学生は開拓者精神を忘れてはいけない。国際社会に対応した人間づくり、社会人にも門戸を開いてきたことは、本学の伝統であり誇りです。これからも北海道の伝統ある私立大学としての自覚と確信をもって、研究教育や地域貢献を果たし、北海道のみならず全国に発信していきたい」

　木村の言葉には、建学の精神である開拓者魂と道内で最古、最大規模の私立大学としての自負と矜持があった。

Information

ホームページ	http://hgu.jp/
研究情報	http://hgu.jp/laboratory/

教育の明星大学

明星大学

広々とした開放感溢れるキャンパス

【大学データ】
◎学長：小川哲生
◎住所：[日野キャンパス]〒191-8506
東京都日野市程久保2-1-1
[青梅キャンパス]〒198-8655
東京都青梅市長淵2-590
◎電話：042-591-5111〈代表〉
◎設立：1964年
◎学生：8,090名　※2012年5月1日現在

◎教員：269名　※2012年5月1日現在
◎学費：初年度納入金（入学金等含む）
経営学部・経済学部 1,218,600円
教育学部・人文学部 1,418,600円
情報学部・理工学部・デザイン学部※ 1,608,600円
※2014年4月開設予定（設置構想中）
◎学部：
[経営学部]経営学科
[経済学部]経済学科
[教育学部]教育学科
[人文学部]国際コミュニケーション学科/
日本文化学科/人間社会学科/
福祉実践学科/心理学科
[情報学部]情報学科
[理工学部]総合理工学科
[造形芸術学部]造形芸術学科
[通信教育部]教育学部 教育学科

【大学情報】

■ 入学・修学

教育方針である「手塩にかける教育」にその本質が現れている。「指導者が誠の心をもって学生の自然の心を誠の心に育て上げる」教育、「人格接触」の教育、「手塩にかける」教育、これらの実現のため、教員も専門的な知識を伝えるだけではなく、ユニークなカリキュラムを通して学生一人ひとりに向き合い、成長をサポートすることとしている。

■ 外部連携

2012年10月より東京都立産業技術研究センターと協定を締結し、都内中小企業への技術支援と高度技術者の育成における連携を図っている。また、日野市、青梅市と、多摩地域の地元の自治体や企業と連携した体験重視の授業を用意。

■ 主な就職先（過去2年間）

㈱朝日新聞社/㈱伊藤園/㈱エイチ・アイ・エス/㈱関電工/警視庁/㈱ぐるなび/大成建設㈱/多摩信用金庫/東海東京証券㈱/東京トヨタ自動車㈱/東日本旅客鉄道㈱/防衛省/日本電気㈱/日本郵政グループ/日本年金機構/㈱日立ビルシステム/東京地下鉄㈱/西武建設㈱/東京都教育委員会/その他県教委　他

Philosophy

(2011年1月26日)
「教育の明星」の旗幟鮮明に
「MI21」で新たな改革　2012年には経営学部開設

　「教育の明星」の旗を高く掲げる。地域と連携しながら「教職インターンシップ」などの体験教育を行い、実践的指導力を備えた教員の養成を目指す。明星大学（小川哲生学長）は、毎年多くの学生が現役で公立学校教員として就職するなどの成果をあげている。また、大学入学後すぐに始まる全学的な初年次教育科目「自立と体験」を設け、学生は学部・学科横断型少人数クラスで学び、就職力や地域貢献にも力を入れる。「教育の明星」は、その旗を掲げながら、2005年と10年に学部学科の再編などの改革を行い、教育システムを強化してきた。12年4月、経済学科と経営学科で構成の経済学部から分離させて経営学部を開設し、14年4月には造形芸術学部を改組しデザイン学部を開設する。これまでの大学の歩みと改革の中身や成果などについて学長に聞いた。

就職力と地域貢献　教員採用に高い実績

　取材で訪れた日野キャンパスは豊かな自然に囲まれた中に、モダンな高層棟が屹立。教育・研究に専念できる環境が整っている。IT環境を完備した教室だけでなく、レストランやカフェテリアなどの談話スペースも充実。図書館は、資料館と合わせて約80万冊の書籍を所蔵する。

　明星大学は、1923年、成蹊学園の創立者、中村春二の薫陶を受けた児玉九十によって創立された明星実務学校が淵源。64年、理工学部1学部で明星大学が開学。65年、人文学部を開設、2学部8学科となり、総合大学の道を歩みだす。現在、教育学部、人文学部、理工学部、経済学部、経営学部、情報学部、造形芸術学部の7学部に、大学院や通信教育部を備える総合大学になった。通学課程に約8,000人、通信課程に約7,500人の合計15,500人が学ぶ。

　学長の小川が学祖、児玉九十を語る。「児玉先生は東大で陽明学を学び、郷土の二宮尊徳を尊敬していました。江戸後期の儒学者で咸宜園をつくった廣

瀬淡窓にあこがれ、私塾を創ろうと明星実務学校を開設。実践躬行(口で言うことを実際に行う)がモットーです」

理工学部1学部で大学を開学した理由は?「明星実務学校が開学40周年を迎えたのを機に大学をつくりました。時は、まさに高度成長期で、中堅工業技術者が足りないという時代背景があったようです」

小川が続けて明星大学について話す。「建学の精神は『和の精神のもと、世界に貢献する人を育成する』です。ただ知識を詰め込むだけでなく、問題を見出し、解決に向けて取り組む判断力や実行力を身につけさせる教育を行っています」

改革の嚆矢は、2005年の学部学科の改組。情報学部経営情報学科の経営分野を移行し経済学部経営学科を開設、情報学部の情報分野を集約し情報学科3コースを開設(日野校舎へ移転)、日本文化学部造形芸術学科を造形芸術学部に昇格させるなど6学部14学科2専修3コースにした。

2010年の大改革は、人文学部心理・教育学科を分割、教育学部を開設した。日本文化学部言語文化学科を日本文化学科として人文学部に組み入れ、人文学部人間社会学科の社会福祉学分野を移行し福祉実践学科を開設。理工学部6学科を集約し総合理工学科を開設、6学系のコース制に移行するなど6学部11学科6学系の体制にした。

一連の改革の動機を小川に尋ねた。「1995年頃からのバブル経済崩壊、少子化によって中小規模の大学には向かい風が吹きました。そこで、持てる教育資源を集中して特色ある学部学科にしようと改革の動きが起き、それが2005年と10年の改革につながりました」

それぞれの改革について語る。「2005年は、教育の中身に重点を置きました。学生サポートセンターを設置して初年次教育に取り組みました。さらに、教育課程を再編成して、全学に『自立と体験』科目を導入。10年の学部学科再編に伴う大型改革の目玉は、教育学部の設置です」

教育学部開設の意図は?「近未来の学校教育と、それを担う教員のあり方を見越して設置しました。40年に及ぶ教員養成の実績とノウハウに裏付けら

明星大学

れた初等教育に加え、中等教育、特別支援教育、そして保育をも網羅した重層型カリキュラムを組み、複数の免許状・資格を同時に取得できる体制を整えました」

小川哲生　学長

　教員採用に強い歴史は、1965年の人文学部(心理・教育学科)設置と67年の通信教育部開設にさかのぼる。「通信教育部には、教員志望の社会人の方が多く入学、一生懸命勉強されて卒業後、小学校の教員になりました。その数は2万から3万人にのぼります」

　この伝統は、いまも健在だ。教員採用試験における高い現役合格率は数字が物語る。2010年度の東京都公立小学校採用試験では、東京都全体の合格率28.8%を大きく上回る47.9%（合格者36名)となった。

　なぜ、教員採用試験に強いかを聞いた。「教員養成の実績やノウハウもあるが、いまや卒業生の多くが校長や教頭になっています。このOBが大学に教えに来てくれるなど現役学生の支えになっている」。教育学部が突出しませんか？「各学部が均衡に発展すれば良いが、現実はそうではない。私学には、看板学部があり、それが全体を底上げする、というやり方があっていいし、どの大学もやっている。明星大学イコール教育と色がつくのは、無色よりずっといい」

　一般企業への就職についても語った。「就職サポートを行うキャリアセンターを設置、教員とも連携しながら個別相談を中心に行うことで学生との密接な関係を築いています。エントリーシート、筆記試験、マナー対策などを指導。就職内定の学生もアドバイザーとして活動しています」

　学生への支援として「学内合同企業セミナー」を実施。年15回以上、約600社の企業が事業内容や採用過程をレクチャー。夏休みを利用した3年生のインターンシップも充実。「多くの学生が一般企業・団体での就業体験を積むことで、就職活動に弾みをつけています」

　地域貢献では、〈造形芸術学部の学生がデザイン、地元メーカーが製造、授産施設が包装したタオルを青梅マラソンの会場で販売〉という話題が新聞に大

きく載った。2009年に開設された「連携研究センター」は、産学公連携を戦略的に展開して地域社会に貢献。「学生も参加して、学生にとっても良い実習の機会になっています」

大学のこれからについて尋ねた。現在、「MI21」(明星イノベーション21)が進行中だ。21世紀における明星大学の改革。「外形や体系でなく教育研究の中身をよくしたい。トップダウンでなく、教育の現場からの改善のための戦略をつくりたい。経済学部から分離させて経営学部を開設した2012年4月は、中身を変える絶好のチャンスだった」

小川は「苦しいときもあったが、様々な改革で乗り越えてきた。教育の明星の伝統を生かしながら全体を底上げしたい」と述懐。「教育の明星」にこだわりを見せながらも全体のかさ上げを誓った。

明星大学を設置する㈻明星学苑(蔵多得三郎理事長)は福島県いわき市にいわき明星大学(関口武司学長)を設置する。東日本大震災により、東北一帯は大変な状況になり、両大学にも、被災した学生が出た。明星学苑では、被災した学生が修学を継続できるよう、学校法人あるいは大学としてできる限りの支援を行うことを決定した。また、明星大学は、いわき明星大学やいわき市に対して地震発生後すぐに、備蓄品や生活用品等を支援物資として搬送。以後は要請に応じ、物資のみならず大学の知財を含めた支援を行った。

明星大学の学生や教職員からも、支援をしたいとの声があがり、義援金を募っての経済的支援やボランティア活動等の支援を行えるよう態勢を整える。

Information

ホームページ	http://www.meisei-u.ac.jp/
産学官連携情報	http://corec.meisei-u.ac.jp/

武蔵大学

ゼミの武蔵 −ゼミの4年間 どこまでいけるか−

1928年に建てられた「大講堂」は大学の象徴的存在

【大学データ】
◎学長：清水敦
◎住所：〒176-8534
　東京都練馬区豊玉上1-26-1
◎電話：03-5984-3715〈入試課〉
◎設立：1949年
◎学生：4,432名
◎教員：110名
◎職員：75名

◎学費：初年度納付金（2013年度）
　入学金 300,000円
　授業料・維持費 1,010,000円
　委託徴収諸会費 28,900円
　合計 1,338,900円
◎学部：
　［経済学部］
　　経済学科
　　経営学科
　　金融学科
　［人文学部］
　　英語英米文化学科
　　ヨーロッパ文化学科
　　日本・東アジア文化学科
　［社会学部］
　　社会学科
　　メディア社会学科

【大学情報】

入学・修学

1922年に創設された、わが国初の7年制の旧制武蔵高等学校が前身。旧制高校が掲げた「人間形成を根幹に、明日の新しい日本を担う、優れた人材を育てる」という理想は、新制武蔵大学にも継承されている。学生が主体的・能動的に学び、確かな効果を得られると近年注目されている「アクティブ・ラーニング」のひとつ、"少人数ゼミ"を創設時より教育の中心に据え、独自のカリキュラムを展開することで各方面から高い評価を得ている。21世紀の新たな社会において大学に求められる知の創造、継承と実践を目指し、「自ら調べ自ら考える」力を養う伝統のゼミ教育を一層強化し、これからの社会を支え、発展させ得る人材の育成に努めている。

主な就職先（過去2年間）

㈱みずほ銀行/㈱三菱東京UFJ銀行/㈱三井住友銀行/積水ハウス㈱/㈱関電工/本田技研工業㈱/㈱ユナイテッドアローズ/㈱パイロットコーポレーション/キユーピー㈱/㈱森永製菓/㈱資生堂/凸版印刷㈱/㈱共同通信社/全日本空輸㈱/筑波大学/東京女子医科大学/㈱アサツー ディ・ケイ/東武鉄道㈱/東海旅客鉄道㈱/防衛省/警視庁 他

Philosophy

(2011年1月19日)
三学部横断ゼミで進化
共通テーマに取り組む　多様な価値感を体得

　「ゼミの武蔵」といわれる。教育の質が問われる中、どの大学もゼミナールイコール少人数教育には力を入れている。武蔵大学(清水敦学長)は、ゼミが「売り」である。「建学の精神である『自ら調べ、自ら考える』力を養っています。その最大の特長がゼミで、自主性やコミュニケーション能力を育成、教員や友人との交流の場ともなり学生の満足度を高めています」と学長。ゼミに関しては、伝統もあり、就職でも実績を残し、三学部横断型ゼミナール・プロジェクトを始めるなどゼミを進化させているのは確かである。反面、「ゼミの武蔵」が普通名詞のようになり、言葉が一人歩きしているように見えなくもない。学長へのインタビューを通して武蔵大学のゼミの真髄に迫った。

就職に実績　300超す「ゼミの武蔵」

　武蔵大学は明治から昭和と財界で活躍した根津嘉一郎(初代)が1922年に創設した7年制の旧制武蔵高等学校が前身。学制改革に伴い、49年経済学部の単科大学の武蔵大学として開学した。

　現在、経済、人文、社会の3学部に約4,500人の学生が学ぶ。池袋駅から西武池袋線で7分に位置しながら、樹齢200年を誇る大ケヤキがそびえる自然豊かな環境。大講堂や3号館などの歴史的建築物と最新の施設が共存している。

　学長の清水が大学を語る。「学部・学科の学びでは、専門分野を深く探求するとともに、それぞれの分野と分野を関連付けて理解するためにリベラルアーツ教育を重視。『社会と世界により開かれた大学』を目指し、地域貢献を充実させ、留学生の派遣・受入れにも積極的に取り組んでいます」

　続けて「ゼミの武蔵」を話す。「開学以来、少人数制で自ら調べ、自ら考える『ゼミナール』での教育に力を注いできました。300以上のゼミ・演習が開講され、この伝統のゼミが、学生一人ひとりの魅力を引き出しています」

武蔵大学

　ゼミの利点は？「少人数なので教員が指導する学生に対して目が行き届く、ゼミの仲間がいることで学生が孤立しない、自ら考え、発表することで主体的になる、グループで課題に取り組むことでコミュニケーション力が身につく。これらは就職にもプラスになっています」

清水敦　学長

　ゼミのあり方は学部ごとに異なる。経済学部を例に取ると、基本的なゼミのステップはこうだ。1年次は、資料を探す方法や討議の方法、プレゼンテーションの技術、レポートの書き方などを身につける。2年次と3年次は、文献の購読や調査、個人やグループでの発表と討議などを繰り返しながら研究を深める。4年次は、指導教授による論文指導やゼミでの発表を通して大学生活の集大成と言える論文を仕上げる。

　「ゼミの武蔵」を象徴するイベントが「ゼミ対抗研究発表大会」(ゼミ大会)。清水が説明する。「企画も運営も学生が行います。普段のゼミでも成果を発表し、議論をしますが、ゼミごとの壁を取り払い、競い合う、がテーマの開かれた場です。学内の教員だけでなく、社会人の審査員が評価します」

学生運営のゼミ大会

　「知識と経験を自分のキャリアに」をコンセプトに2010年12月4日に開かれた。経済、経営、金融などブロックごとに計34のゼミが参加、それぞれ研究成果を発表した。スポンサー企業もあり、「ゼミの武蔵」への関心の高さをうかがわせた。

　新機軸の「三学部横断型ゼミナール・プロジェクト」は、これまでのゼミをさらに進化させたという。3学部の学生が協働で、一般企業から与えられた1つの課題に取り組む。

　「学部が違えば、考え方や意見も違います。それぞれの専門を生かし、共通のテーマに取り組みます。他学部の学生とのコミュニケーションやディスカッションを通し、答えは一つではないことを実感しながら、多様な価値観や視点

すべての学生が1年次より履修できる武蔵の「ゼミ」

を身につけていきます」(清水)

具体的には？「テーマはCSR（企業の社会的責任）で、前半は学部ごとに専門性を応用しながら3つの異なる角度から課題にアプローチします。その結果を中間発表でプレゼンテーションしたあと、合同チームでCSR報告書の制作に向けディスカッションを重ねます。

そこで報告書のコンセプトやコンテンツを決め、報告書の執筆やレイアウトを分担、報告書を冊子にします。最終報告会では、企業担当者に報告書を配付し、評価を受けるとともに、制作過程やその間の人間的成長についてのプレゼンテーションも行います」

三学部横断ゼミは、これまでのゼミとどう違うのか？「他学部の『学び』に触れるため、相互理解が必要になります。異なる分野を知ることで、自らの『専門』の意義を確認することができます。また、CSR活動を調査し報告書を実制作することで、学生自らも一市民として持続可能な社会を築くために果たすべき役割を意識することができます」

このゼミのもう1つの柱は、ゼミの始まる前、中間、事後の計3回、プロのキャリアコンサルタントと個人面談を行う。自分自身を振り返り、プロの助言を受け、それを生かした活動を行う。「プロとじっくり話し合うことで、いままで気づかなかった自分の強み、弱みが発見できます」(清水)

ゼミを志願して入学

他大学のゼミとの違いは？「伝統でしょうか。開学以来、ゼミが教育の中心でした。全員が入学から卒業まで必ず履修します。ゼミの規模も少人数。経済学部は学生400人、教員40人だから1ゼミは10人、上限23人と決めています。何と言っても、学生がゼミを志願して入ってきます、学生の意識が違います」

「ゼミの武蔵」は、これからどう進むのか。「ゼミは大きな柱です。知的能力を育むため、少人数で丁寧な教育は、これからも受け継いでいきたい。もちろん、

新しい時代に即した改革は進めていきたい」
　具体的には？「2011年4月から、全学部の専門科目を見直すとともに、学部学科の枠を越えた総合科目を設けた。興味・関心に合わせて、4年間を通して自由に選ぶことができます。それぞれの学科が専門とする国・地域の壁を越え、様々なかたちの異文化間の関わりについて学びながら、幅広い視野と教養を身につけることが可能となります」
　清水は続けた。「国際社会の中で活躍するためには語学力も必要です。米テンプル大日本校と交流協定を結び、英語の課外授業を行いました。さらに、英語をはじめとする演習科目を設置、短期・長期の目的に合わせて選べる留学制度も用意し、語学力の向上にも力を入れます」
　キャンパスにある樹齢200年の大ケヤキのように、武蔵大学は旧制高等学校から続く伝統のゼミが屹立している。これを基盤にカリキュラム改革など新たな道を模索する。「ゼミの武蔵」はさらに進化するのか、じっくり見ていきたい。

Information

ホームページ	http://www.musashi.ac.jp/
研究情報	武蔵大学学術機関リポジトリ http://repository.musashi.ac.jp/dspace/
産学連携情報	三学部横断型ゼミナール・プロジェクト http://www.musashi.ac.jp/modules/seminar_project/index.php?content_id=1

動物看護の大学

ヤマザキ学園大学

南大沢キャンパス

◎教員：31名
◎職員：36名
◎学費：初年度納入金
　入学金 300,000円
　授業料 900,000円
　実収費 350,000円
　施設費 200,000円
　維持費 170,000円
　委託徴収諸会費 40,000円
　教材費 450,000円
◎学部：
　[動物看護学部]
　　動物看護学科

【大学データ】
◎学長：山崎薫
◎住所：[南大沢キャンパス]〒192-0364
　東京都八王子市南大沢4-7-2
　[渋谷キャンパス]〒150-0046
　東京都渋谷区松濤2-3-10
◎電話：042-678-6011
◎設立：2010年
◎学生：717名 ※2013年5月1日現在

【大学情報】

入学・修学

AO入試（A・B・C・D・E日程）、公募推薦入試（Ⅰ期・Ⅱ期・Ⅲ期・Ⅳ期）、大学入試センター試験利用入試（Ⅰ期・Ⅱ期・Ⅲ期）、社会人入試があり、それぞれの選抜に関する詳細については入学者選抜要項（6月下旬発行）で公表。

外部連携

日本で最初に動物看護の道を拓き、動物看護師という職業人を確立し、社会に送り出した卒業生は1万人を超える。45年以上にわたる実績により、動物にかかわる様々な組織と太い絆を結ぶ。また、理事長がそのような組織の理事や評議員として務めていることも、就職先のネットワークとして連携している。

主な就職先（過去2年間）

麻布大学獣医学部附属動物病院/㈲アニマルケアーホスピタル アマノ病院/兵藤動物病院/海浜動物医療センター/㈱ジョーカー/アニコム損害保険㈱/㈱モノリス/森久保薬品㈱/㈱JPR/遠藤警察犬家庭犬訓練所/（公財）日本盲導犬協会神奈川訓練センター 他（以上、大学卒業生不在のため、短期大学卒業生実績）

Philosophy

ヤマザキ学園大学

（2011年7月27日）
学生の就職の道は多様
ペット産業大きな需要　豊かな人間性と教養育む

　日本初の動物看護学部を持つユニークな大学である。コンパニオンアニマル（伴侶動物）の健康と医療を支える動物看護師を養成するヤマザキ学園大学（山﨑薫理事長・学長）。動物看護学部の1学部で、「生命に対する深い畏敬と豊かな人間性、幅広い視野を備えた動物看護師を育てる」のがねらい。前身は、1967年に創設したイヌのスペシャリスト養成機関で、専門学校、短大と発展、動物看護のパイオニアとして40年を超える実績がある。4年制大学として開学したのは2010年で、2013年現在は717人が学ぶ。飼い犬が1,300万頭、飼い猫が1,000万頭を超える日本では、ペット対象のサービス産業は大きな需要があり、学生の就職の道は多様に開かれているという。「大学の完成年度（1年生から4年生までそろう）に向けて一層、教育内容を充実させたい」と前向きな理事長に動物看護の歩みと今後、そして課題を尋ねた。

専門学校で実績　日本初の動物看護学部

　最初に、「動物看護師」について記しておきたい。動物看護師は、動物病院で働く動物医療のパートナーとして、手術の準備、入院した飼育動物の世話や健康管理などを行う。しかし、その職務には法的整備がなされていないのが現状である。動物の診療は獣医師の独占業務で、獣医師でない者は診療を業務としてはならないが、何が診療行為かという明確な規定はない。人間の医療における看護師と異なり、国家資格でも公的資格でもない。様々な団体が独自の基準で資格を与えている。この問題は後述する。

　ヤマザキ学園大学は、1967年に理事長の山﨑薫の父、山﨑良寿が東京・渋谷に設立したイヌのスペシャリスト養成機関である「シブヤ・スクール・オブ・ドッグ・グルーミング」が淵源。早大商学部卒業を目前に学徒出陣した山﨑は復員後、教育の道へ。動物好きだったことと、文部省（当時）に設置された新

教育制度審議会の部会に参加した経験から、女性に向く職業を開拓したいと動物ケアのスペシャリスト養成校を創立した。

「父が力を注いだのは、動物ケアに多様な学問を取り入れることでした。人間の医学、看護学、獣医学、動物心理学といった専門分野の先生を招聘しました」

1990年、良寿が死去、翌91年、薫がその跡を継いで学長に就任する。薫は、サンフランシスコ州立大学芸術学部を卒業、就職しての自立も考えたが、帰国後は父の仕事を手伝っていた。

薫が、最初に着手したのは、学園の社会的認知度を上げるため、学校法人の認可を取得することだった。申請から3年半後の1994年6月に認可を取得、理事長になる。その後、「父親の悲願だった高等教育機関の設立」に邁進、2004年、短期大学を開学。10年、4年制の大学を開学した。

薫が振り返る。「短大設立に10年かかりました。学園用地からカリキュラム、教員配置などハードルが高かった。申請用紙に使ったコピー用紙は8万枚、私は9kgも痩せました。大学開学は、これで父との約束が果たせたという思いでいっぱいです」。いま、笑顔で話す。

大学開学は教育の規制緩和も味方したが、動物をとりまく環境が変わったのも大きかった。「動物が生命を持つ存在として、人間のパートナーとして、ともに生きる存在になりました。専門学校認可時は『動物看護』という概念が文科省に受け入れられませんでしたが、短大は『動物看護短大』として開学できました」

法律も後押しした。1999年、「動物の保護及び管理に関する法律」が、「動物愛護及び管理に関する法律」に改正され、初めて法律上の文章に、動物は『命あるもの』という文言が入った。2002年には「身体障害者補助犬法」が成立した。

この頃、動物看護系の学科を設置する大学が続いた。2001年に帝京科学大学にアニマルサイエンス学科、05年に日本獣医生命科学大学に獣医保健看護学科、06年に倉敷芸術科学大学に生命動物科学学科が設置された。

この背景には、動物医療の高度化に加え、ペットの食餌、美容、健康、ホ

テルなどペット関連ビジネスの拡大もある。民間市場調査機関の調べでは、2012年度のペット関連産業の国内市場は1兆4000億にのぼる。

薫がヤマザキ学園大学を語る。「教育理念は『生命を生きる』。動物看護にかかわる基本的な理論・技術を身につけ、高度化・専門分化した動物医療に対応できる、豊かな人間性と高い教養を備えた良質な動物看護師を養成するのが目的です」

山﨑薫　理事長

教育の中身を聞いた。「1、2年次は教養教育科目を重視。動物臨床看護学、コンパニオンアニマルケア、動物臨床検査などの実習などは1年から4年次を通して行います。3年次からは、将来の進路や自分の興味に合わせて動物看護、動物応用、動物介在福祉の3コースの中から選択、専門性を深めます」

1年次は、都心の渋谷キャンパス、2〜4年次は八王子市の南大沢キャンパスで学ぶ。渋谷1号館には、動物病院とグルーミングサロンが隣接。捨てられたり、迷子になったりしたイヌやネコを新しい飼い主が見つかるまで預かる施設もある。

南大沢1号館には、実践的な実習が可能なティーチングホスピタルを完備。コンパニオンアニマルケア実習室、行動観察室、南大沢2号館には動物臨床看護実習室、ドッグカフェ型実習室などの最新設備が整っている。

動物病院実習が必修で、関東圏を中心に600を超える動物病院と連携。動物愛護の精神から学内では犬を飼育していない。「実習で使うモデル犬は、一般の家庭から提供してもらっています。モデル犬の登録数は、3,500頭を超え、小型犬から大型犬までの実習ができます」

就職について問うた。「専門学校時代から動物看護の道を拓き、動物看護師という職業人を確立し、社会に送り出してきました。その数は1万人近くにのぼります。2006年に1期生を出した短大も新設校にもかかわらず、多くの求人と高い就職率を維持しています」

短大の就職先をみると、動物病院が75％と圧倒的で、次いで、動物サロン・ショップ10％、ペットフード関連など動物系企業8％、テーマパーク4％で、動物と関係のない企業は3％だという。
　社会貢献は、動物看護と密接だ。1991年に発足したボランティアクラブは、95年の阪神・淡路大震災、2000年の三宅島噴火に際し、被災した動物の救護を実施。11年の東日本大震災でも、有志の学生と教職員が被災地に送る支援物資（ペットフード等）の仕分け作業等を新宿御苑動物支援センターで行った。
　大学の今後を聞いた。「大学の完成年度には、第1期生を送り出します。卒論を仕上げ、希望する職場に就職させるのが私どもの責務。学生たちに伝えたいのは、私たち人間がどのような努力をすれば、多様な命が共生できる社会にできるのかということを考え続けてほしい」
　最後に、冒頭の「動物看護師」の問題を尋ねた。同大は、NPO法人日本動物衛生看護師協会に加入。アメリカでは、動物看護師を公的な資格として認めている州もある。日本でも動物看護職の主要5団体が2012年2月に初の動物看護資格の統一試験を行った。
　「動物看護は、まだまだこれから発展する可能性を秘めた分野です。動物看護師の資格も、いまはまだ民間資格ですが、将来、獣医師や人間の看護師と同じように、国家資格になるよう、国などに働きかけていきたい」
　薫は、専門学校の理事長時代に麻布大学大学院に社会人入学して博士号を取得。自らも大学で教鞭をとる頑張り屋さん。これまでを振り返る話よりも、大学や動物看護のこれからについて語るときに言葉が弾んだ。"細腕理事長"は、ひたすら前を向いて歩む。

Information

ホームページ　　http://univ.yamazaki.ac.jp/

キリスト教に基づく教育

立教大学

池袋キャンパス

◎学生：19,527名 ※2013年5月1日現在
◎教員：2,299名 ※2013年5月1日現在
◎職員：310名 ※2013年5月1日現在
◎学費：2013年度入学者
　授業料755,000〜1,055,000円
◎学部：
　[文学部]キリスト教学科/文学科/史学科/教育学科
　[異文化コミュニケーション学部]異文化コミュニケーション学科
　[経済学部]経済学科/経済政策学科/
　　会計ファイナンス学科
　[経営学部]経営学科/国際経営学科
　[理学部]数学科/物理学科/化学科/生命理学科
　[社会学部]社会学科/現代文化学科/メディア社会学科
　[法学部]法学科/国際ビジネス法学科/政治学科
　[観光学部]観光学科/交流文化学科
　[コミュニティ福祉学部]コミュニティ政策学科/
　　福祉学科/スポーツウエルネス学科
　[現代心理学部]心理学科/映像身体学科

【大学データ】
◎総長：吉岡知哉
◎住所：[池袋キャンパス]〒171-8501
　　東京都豊島区西池袋3-34-1
　　[新座キャンパス]〒352-8558
　　埼玉県新座市北野1-2-26
◎電話：[池袋キャンパス] 03-3985-2202
　　[新座キャンパス] 048-471-6676
◎設立：1874年

【大学情報】

入学・修学

多様な学生を迎え、互いに学び合いを促すことを目指し、一般入試(個別学部・全学部)、大学入試センター試験利用入試、自由選抜入試、アスリート選抜入試、帰国生入試、外国人留学生入試、社会人入試、指定校推薦入学、関係校推薦入学といった様々な入試種別を用意している。2013年度の一般入試及びセンター入試の志願者総数は71,096人。

外部連携

以下、過去2年間に締結した主な協定。東京芸術劇場との連携協定、埼玉県との包括連携協定、福島大学との相互協力・連携協定(以上2011年)。陸前高田市との連携及び交流に関する協定、日本マイクロソフト㈱との連携に関する協定、明治大学・国際大学と国際協力人材の育成に関する協定(以上2012年)。

主な就職先(過去2年間)

㈱三菱東京UFJ銀行/りそなグループ/㈱みずほフィナンシャルグループ/東京都特別区/ソフトバンク㈱/㈱三井住友銀行/日本郵政グループ/日本生命保険(相)/東日本旅客鉄道㈱/東京海上日動火災保険㈱/JTBグループ/東京都教員/三井住友信託銀行㈱ 他

Philosophy

(2010年11月10日)
全学で英語教育に傾注
次々と改革断行「全カリ」など成果実る

　「立教ボーイ」というと、長嶋一茂や関口宏といったスマートで裕福な有名人2世を想像する。立教大学(吉岡知哉総長)は「専門性に立つ教養人の育成」を目指して、90年台後半から改革を続けてきた。97年から始まった「全学共通カリキュラム」(全カリ)、98年の観光学部、コミュニティ福祉学部の開設、2006年の現代心理学部、経営学部の開設、さらに08年の異文化コミュニケーション学部の開設やコミュニティ福祉学部スポーツウエルネス学科設置など学部・学科の改編、10年度からの言語教育科目カリキュラムの改革……。こうした不断の改革は一定の成果を生んできたが、それはあまり外部に知られていない。早稲田大学を抜いて受験者数日本一になり話題を振り撒く同じ東京六大学の明治大学とは対照的。それはさておき、立教ボーイというが学生の半分は女子と変貌を遂げている。現在の立大の姿、改革とその成果、そしてこれからのことについて総長らに聞いた。

スポーツも伝統復活へ 「立教らしさ」重視

　立教大学と言えば池袋というイメージだがキャンパスは2つある。池袋駅西口から徒歩約7分。立教通り沿いに位置する池袋キャンパスと、埼玉県新座市に位置する新座キャンパスだ。
　池袋キャンパスは蔦に覆われた赤レンガの建物が特徴。本館(別名モリス館)・第1食堂・2号館・3号館・図書館旧館・立教学院諸聖徒礼拝堂は東京都選定歴史的建造物に選定されている。
　池袋キャンパスに文学部、異文化コミュニケーション学部、経済学部、経営学部、理学部、社会学部、法学部、新座キャンパスに観光学部、コミュニティ福祉学部、現代心理学部。10学部で約19,500人の学部学生が学ぶ。
　1874年、アメリカ聖公会の宣教師、ウィリアムズ主教が設立した私塾、立

立教大学

教学校が母体。聖書と英学の教育を目的として東京・築地の外国人居留地に設立。1918年、現在の池袋に移った。

総長の吉岡が大学を語る。「立教大学は、ウィリアムズ主教の唱えた『キリスト教に基づく教育』の集大成として、また小学校から始まる『テーマをもって真理を探究する力』、『共に生きる力』を習得する一貫連携の到達点として存在します。創立以来、教育の理念に掲げてきたリベラルアーツ教育は、知性、感性、そして身体のバランスを配慮した全人格的な教育で、一人ひとりの様々な可能性を育もうとするものです」

吉岡知哉　総長

リベラルアーツの新しい「かたち」が1997年から始まった「全学共通カリキュラム」(全カリ)。全カリは一般教養科目の新しい展開方法として導入された仕組みで、すべての学生が、それぞれの学部の専門科目と並行して学ぶ。

全カリの成果を吉岡が話す。「全カリと専門教育が相互に有機的に関連を持つことができ、専門領域の教育研究も刺激を受けます。これによって、真の創造的な学問研究の発展に寄与できます」

この全カリ導入が立教大学の改革の嚆矢だった。翌1998年に観光学部を設置した。独立した観光専門の学部としては日本初。吉岡が語る。

「観光は経済的に大きな影響力を持つだけでなく、国際的な相互理解にも貢献しています。本学の観光学部は社会学、人類学、経済学、地理学といった社会科学、人文科学を基盤にとらえていくのが特長です」

2006年に現代心理学部、経営学部を新設。「経営学部国際経営学科の1、2年次生が履修する英語コースBBL（バイリンガル・ビジネスリーダー・プログラム）は画期的です」と副総長で経営学部教授の白石典義がBBLを説明する。

画期的なBBL

「経営学を英語で学ぶことを目指した独自プログラムです。専門知識を英語でインプットし、ビジネスの現場で英語で議論ができ、日本にいながら英語で学

新座キャンパス

び、英語でプレゼンテーションやネゴシエーションできる力を育てています」

2008年に設置のコミュニティ福祉学部のスポーツウエルネス学科は低迷する立教スポーツの強化か、といわれた。

「スポーツ選手を集める学部ではなく、人々のウエルネスの向上に向けた運動とスポーツのあり方に福祉からアプローチします。スポーツでは2008年度からアスリート選抜入試を導入しました」

アスリート選抜は徐々に効果を上げている。長嶋、杉浦、本屋敷らプロ野球選手を輩出した硬式野球部も「後ろをみれば東京大学」から脱しつつあり、伝統のアメリカンフットボールやラグビー、バスケットボールなども復調の兆しを見せている。

取材の中で、吉岡は、「立教らしさ」をしばしば口にした。それを、ひとことで言うと？「キャンパスは小さく親密度は高い。サークルの数も多く学生の7割が加入しています。学部が違ってもまとまりがある、そういったところでしょうか」

こう付け加えた。「立教大学の伝統が育んできたもう1つの特質は"立教らしさ"を重視しつつも閉鎖的になることなく、外に向けて常に開かれていることです」

具体的には？「連携の重層的な組織化を通じて教育と研究の質の向上を図っており、3つあります。学院内の小、中・高、大を結ぶ『一貫連携教育』、新座と池袋という2つの教育・研究の中心を生かした『地域連携・社会連携』、様々なレベルの『国際連携』です」

そうそう、明治大学のことだが、「明治大学は大学スポーツの強化や志願者数日本一になるなど話題づくりが上手ですね」と尋ねたのがきっかけ。「それに比べて立教大は(話題づくりなどが)下手ですね」と受け取られたのかもしれない。

「受験生の数は大学の規模によるので気にしていません。本学もここ数年、受験生は増えています。定員に占める応募者の比率を測る"募集力"では、決して後れを取ってはいません」と語り、こう付け足した。「両方受かると、多くの受験生は本学を選んでいます」

これからの立大について。「全カリは、質の高い教養教育を目指し、学部の壁を越えて全学で考え、運営してきた。それなりの成果を上げ、現在、第2ステージに入りました」

「全カリも10年経つと運動体でスタートしたのが運営体になる。もういちど、運動体にしようと、全カリの英語教育を改編しました。1年次の英語必修科目の授業は原則すべて英語で行います。少人数のきめ細かなやりとりを通して、コミュニケーション能力を高めたい。これも立教らしい教育です」

英語教育に全学あげて傾注するという宣言にも映った。ここでも「立教らしさ」が出た。吉岡は1976年に東大法学部卒業後、80年に立教大法学部助手に着任以来、立教一筋。すっかり立教らしさが身についた総長の発言は自信に満ちていた。

Information

ホームページ	http://www.rikkyo.ac.jp/
研究情報	産学官連携、研究者情報検索システムなど http://www.rikkyo.ac.jp/research/initiative/
キャンパス情報	立教大学をもっと知りたい http://www.rikkyo.ac.jp/feature/
著作物	立教関係者の著作紹介 http://www.rikkyo.ac.jp/aboutus/profile/data/books/

著者
野口和久（のぐちかずひさ）

1948年、埼玉県生まれ。1971年、早稲田大学法学部を卒業後、産経新聞社に入社。前橋、千葉支局、整理部を経て社会部で警視庁、国税庁、宮内庁、運輸省などを担当する。夕刊フジを経て1986年、日本衛星放送株式会社（現WOWOW）に出向。2008年2月、産経新聞社に復帰して定年を迎えた。現在、日本私立大学協会 調査役。同協会機関紙「教育学術新聞」の取材・編集を担当、「大学は往く」、「われら大学人」を連載している。
著書 「国鉄のいちばん長い日」（PHP研究所）「全日空が日航を抜く日」（講談社）（以上共著）「平成デジタル戦国史」（アルフ出版）

トップランナーが語る将来戦略
進化する大学 ❶ 追求する大学の使命
2013年9月20日　初版一刷発行

監　修　日本私立大学協会
　　　　〒102-0073
　　　　東京都千代田区九段北4-2-25
　　　　アルカディア市ヶ谷（私学会館別館内9F）

著　者　野口和久
発行人　佐藤裕介
編集人　三坂輝
発行所　株式会社 悠光堂
　　　　〒104-0045 東京都中央区築地6-4-5
　　　　シティスクエア築地1103

デザイン　　有限会社わたぼお
印刷・製本　株式会社シナノ

C0037
ISBN978-4-906873-14-2
©2013　Kazuhisa Noguchi,Association of Private Universities of Japan
Printed in japan
株式会社 悠光堂／Tel.03-6264-0523　Fax.03-6264-0524

本書の無断複写複製を禁じます。定価はカバーに表示してあります。
乱丁本・落丁本はお取替えいたします。